ROBERT GROSSETESTE
DE DECEM MANDATIS

AUCTORES BRITANNICI MEDII AEVI · X

ROBERT GROSSETESTE

DE DECEM MANDATIS

Edited by

RICHARD C. DALES

and

EDWARD B. KING

Published for THE BRITISH ACADEMY
by THE OXFORD UNIVERSITY PRESS
1987

Oxford University Press, Walton Street, Oxford OX2 6DP
Oxford New York Toronto
Delhi Bombay Calcutta Madras Karachi
Petaling Jaya Singapore Hong Kong Tokyo
Nairobi Dar es Salaam Cape Town
Melbourne Auckland

and associated companies in
Beirut Berlin Ibadan Nicosia

Oxford is a trade mark of Oxford University Press

Published in the United States
by Oxford University Press, New York

British Library Cataloguing in Publication Data

Grosseteste, Robert
De decem mandatis.—(Auctores Britannici
medii aevi ; 10).
1. Theology, Doctrinal
I. Title   II. Dales, Richard C.   III. King,
Edward B.   IV. British Academy   V. Series
230   BT70

ISBN 0–19–726057–8

Produced by Alan Sutton Publishing, Gloucester
Printed in Great Britain

CONTENTS

INTRODUCTION

An abiding concern of Robert Grosseteste throughout his career was the worthiness of pastors with the cure of souls. His *De decem mandatis* is exemplary of this concern. It is couched (for Grosseteste) in simple, straightforward language, and it abounds in illustrations in the first and second person singular. It was clearly intended as a guide to pastors faced with the everyday problems of imparting moral instruction to their flocks. It is largely free of the mind-bending argumentation so characteristic of his academic treatises, but it is by no means a simple work. Grosseteste was a demanding instructor.

The *De decem mandatis* should probably be dated to the early years of the 1230s, even though it has no connection with the supposed crusade of Henry III to convert the Jews, as Pegge, and other scholars since his time, thought.[1] It was in 1225 that Grosseteste first assumed a cure of souls as rector of Abbotsley. The injunction of the Fourth Lateran Council and the patent need for moral instruction among the members of his flock were apparently amplified by his experience as archdeacon of Leicester (1229–1232) and as reader to the Oxford Franciscans (1229–30 to 1235). These factors sparked his keen interest in preaching, which he came to give primacy of place in his assessment of pastoral duties. Although the evident pastoral purpose of *De decem mandatis* would be consistent either with this period of pastoral experience or with his episcopate (1235–1253), other considerations make it quite certain that it was written during the former period. Grosseteste had already begun to think about some of the themes which would play a large part in his *De cessatione legalium* and *Hexaëmeron*, but these ideas are still in a preliminary stage in *De decem mandatis*. His knowledge of Greek is in its beginning stages. There is one quotation of Chrysostom in the Prologue, one brief reference to Aristotle in the third commandment (both in Latin translation), and an appeal to the LXX in the final section. Otherwise his sources are all Latin. He had certainly not made much progress in his Greek studies at the time he wrote it. We can say that it was written several years earlier than *De cessatione legalium*, and in or slightly later than 1230, the date of the beginning of his interest in the Greek language.

---

1.   See the discussion of this point in our edition of *De cessatione legalium*, Introduction.

Grosseteste's Prologue reduces the commandments to one: love! In his discussion of the first commandment, he emphasizes that giving to anything else the veneration due to God alone is idolatry. We must love Him as our highest good and must never put transitory goods, which come from Him, in place of Him. One should pray only for the highest good, God, and not for lesser transitory goods, which are then gods to those who pray for them. These lesser goods are good only in God, and to pray for them for their own sake is idolatry.

In an interesting digression, Grosseteste describes and condemns pagan survivals in his own time. He sees them as remnants of paganism passed down from father to son, mixed with Christian practices, and he sternly warns against them.

Although Grosseteste is, of course, opposed to making and worshipping idols, he quotes from Bede to the effect that pictures and statues of divine things should be seen as "living scripture" and may be used for instruction and edification but must not be worshipped.

He emphasized man's special place in the universe by saying that God is God of all things because He created and formed them, and He is the Lord of all things because He governs what He formed. But He is especially God of man, because He illuminates his gaze and directs the desires of the human soul.

Grosseteste spends much time discussing the justice of visiting the sins of the fathers on the sons and tries to reconcile the apparently contradictory pronouncements on the subject of Cicero and Augustine. He concludes that "in the great commonwealth of God, which is the unity of all creatures, although many perform evil deeds and act unjustly because of the deprivation of free will, nevertheless no one suffers evil undeservedly." He distinguishes between the way original sin is passed down and the mutual responsibility for sinful actions of fathers and sons.

On the second commandment, his specifications of taking the Lord's name in vain are all likewise derived from the fact that God is the most excellent of beings, and any manner of speaking which implies that He is less than He is, such as the Arian heresy, perjury, frivolous oaths, and believing that God makes anything which is useless, constitutes taking His name in vain.

Grosseteste also derives the third commandment, to keep the Sabbath, from the love of God, but he contents himself with lengthy quotations from Augustine, in marked contrast to the complex and tightly-reasoned treatment he would present several years later in Particula I of his *De cessatione legalium*.

More than twice as long as the next-longest chapter (on the first commandment) is Grosseteste's treatment of the fourth commandment, to honor one's parents. It is also in this section that he makes most extensive use of non-Christian sources, especially Seneca. In this essay are evident Grosseteste's deep human concerns for family life and subtle appreciation of both the tensions and the bonds of familial relationships, as well as the mutual responsibilities of parents and children.

Grosseteste's remarks on the fifth commandment, though brief, are extremely interesting. He derives from the dignity of the human condition the rationale for the commandment, *You shall not kill.* After correcting those pagan philosophers who had considered suicide a praiseworthy act if it were done to avoid suffering some indignity or out of shame after having suffered some indignity, as well as those Christians, ancient and modern, who thought that the commandment prohibited the killing of any living thing, he recalls the circumstances of man's creation to point out how heinous a crime murder is. "How grave the transgression of this commandment is," he says, "becomes clear when one considers that when he kills a man, he destroys the worthiest creature of God and dissolves a work made by the counsel of the entire Trinity." He then goes on to state in a rather primitive form an idea which would later receive impressive embellishment in his sermon *Exiit edictum*, the *De cessatione legalium*, and the *Hexaëmeron*: "Since man has something of every creature, and by the voice of Truth itself he is called *every creature*, he who steals a man's being from him also, in some respect, deprives every creature of its being." A murderer also "contemns and mocks the death and passion of Christ, since he casts headlong to death him for whom Christ died in order to bring him back from death to life." And near the end of the chapter, Grosseteste invokes the ethics of intention against those who have special license to kill (i.e., judges, executioners, soldiers fighting in defence of their country, and those who are commanded by God to kill), warning them not to allow vindictiveness or monetary gain to corrupt their intention as they carry out these licit killings.

In his treatment of the sixth commandment, Grosseteste adumbrates his high opinion of the worthiness of marriage, which was instituted in Paradise before man sinned in order to fill up the number of citizens of heaven and restore the number of the angels. He emphasizes the mutual respect of husband and wife and the harm done by fornication to the status of marriage, "the sacrament of the spiritual coupling of the Word of God and the faithful soul."

Grosseteste's comments on the seventh and eighth commandments are highly derivative, being mainly based on Augustine. The same is true of the ninth and tenth, but here he encountered the problem of the order of the last two commandments, which he solved by appealing to the LXX. He based on Augustine his conclusion that concupiscence of the flesh is not a nature created by God, but an evil resulting from a defect of good. The prohibition of concupiscence in the last two commandments is not absolute, since in this life we cannot completely. overcome it,[2] but we are commanded to strive against it and continually diminish it so that the commandment might be completely fulfilled in the resurrected body.

The treatise ends as it began with an emphasis on ordered love. "The very order of love is the goodness of a natural creature." It "renews the soul and re-forms it to the image and likeness of its creator."

His principal source is scripture itself, especially Eccesiasticus, the Psalms, the Gospels, and the Epistles. As his guide to understanding them Grosseteste relies most heavily on Augustine, and to a lesser extent on Ambrose, Jerome and Isidore. The only Greek father quoted is Chrysostom. Somewhat surprisingly in a work of this sort Seneca is used extensively; Ovid is cited twice, and Aristotle, Horace, and Cicero once. Of medieval authors, Bede, Rabanus, Bernard of Clairvaux, and Anselm are used.

THE MANUSCRIPTS AND THEIR PROBLEMS

The following codices are known to exist. We have examined all of them, but only those marked with an asterisk were found to be worth collating completely. The remainder are too defective to be useful in establishing the text. They are here listed in alphabetical order of the sigla by which we refer to them:

C^*– London, British Library, Cotton Otho D X, s. XIV^m, folios 213^r–227^v, was written by an English scribe. It is by far the best example of the Beta family of MSS and is more closely related to Hf than the other members of the family. It was severely damaged by fire during the eighteenth century. This codex is one of the major collections of Grosseteste's works[3] and once contained the De cessatione legalium, although it no longer does so.

---

2.   Cf. Grosseteste Sermo 32: 'Deus est', ed. Siegfried Wenzel, "Robert Grosseteste's Treatise on Confession, Deus Est," Franciscan Studies 28 (1970), 218–293, on pp. 282–83, where he takes a surprisingly lenient view of male masturbation and nocturnal ejaculations.
3.   S. Harrison Thomson, The Writings of Robert Grosseteste, Bishop of Lincoln 1235–1253 (Cambridge, 1940), pp. 131–32. For a fuller discussion of the major collections of Grosseteste's works, see Thomson, Writings, pp. 10–22.

D^* – Douai, Bibliothèque municipale MS 451, s. XV^m, folios l^r–43^r, written in long lines by an English hand, also contains ps.-Grosseteste *De oculo morali*. It was given to the library by William Hyde, a professor at the English college at Douai, in 1646. Despite its late date, it provides a very good text of *De decem mandatis*.

Do^*– Oxford, Bodleian, Digby 163, s. XV^1, folios 21^r–56^v, containing some works by St. Bernard, a collection of theological topics in alphabetical order, and the ps.-Grosseteste *De venenis*, is written in a well-formed English hand and is among the best copies of *De decem mandatis*. In addition, its text is interesting in that it alone shares some unusual readings with L, although it ceases to maintain its closeness to L in the later parts of the treatise.

Ex– Exeter College, Oxford, MS 21, s. XV^m, folios 170^r–212^v, written in a badly-formed English hand in double columns, is an interesting but textually poor collection of Grosseteste's pastoral works, related to the Gamma family of manuscripts. It includes a collection of sermons and the *Liber dictaminum*. In addition to copying carelessly, the scribe has omitted large sections from chapters III and IV and frequently left out quotations. The last few leaves of the treatise have been lost.

Ha– London, British Library, Harley 1298, s. XIV^2, folios 84^v–105^r, is written in double columns by an English scribe. It also contains Grosseteste's sermons and *De confessione*, the ps.-Grosseteste *Summa iustitiae*, anonymous sermons, Peter Comestor's allegories on the Old and New Testaments, and excerpts from the works of Chrysostom. Its text of *De decem mandatis* is an inferior representative of the Gamma family, which also shares some of the mistakes and omissions of Beta.

Hf^*–– Hereford Cathedral MS P. III. 12, s. XIII^2, contains *De decem mandatis* on folios 186^r–206^r.[4] This codex was originally in the library of the Franciscan convent at Hereford and was very likely copied from the text in the Oxford convent. Written in a stubby but extremely legible English gothic bookhand of around 1275, this carefully executed codex is the earliest surviving copy of *De decem mandatis* and provides us generally with the best text.

Hy– London, British Library, Harley 1207, s. XIV^{ex}, folios 12^r–35^v, written in long lines by an English scribe in ink which is now brown and faded, also contains excerpts from the *Catholicon* attributed to Jacobus

---

4.   Siegfried Wenzel, "Robert Grosseteste's Treatise on Confession *Deus Est*," p. 225, first made Grosseteste aware of the importance of this MS. James McEvoy, *The Philosophy of Robert Grosseteste* (Oxford, 1983), p. 463, first called attention to the fact that it contained *De decem mandatis*.

Januensis, and treatises on the properties of angels and the seven deadly sins. Its text of Grosseteste's *De decem mandatis* is vitiated by numerous omissions, copying errors, and editorial liberties taken by the scribe.

J– Oxford, Jesus College 110, s. XV^m, folios 188^r–211^r, which also contains ps.-Grosseteste *De lingua*, is an abbreviation of the treatise and once belonged to Nicholas Kempston (*ob.* 1477), who also owned a copy of *De cessatione legalium*, now Eton College MS 117.

L*– Lincoln Cathedral MS 180, s. XIV^2, folios 120^r–135^v also contains *Dicta theologica* attributed to Grosseteste, *Difficilia naturalis scientie* attributed to Ockham, and Grosseteste's *De cessatione legalium*. Written in double columns by an English scribe who corrected his text extensively, it provides a good text, although it contains a few striking misreadings.

Lc*–– Lincoln Cathedral MS 202, s. XIV^m, folios 1^r–17^v, written in double columns in an English gothic bookhand, includes the *De canticis spiritualibus* of Augustine as well as Grosseteste's *Templum Dei*, collections of his sermons and *Dicta*, and the ps.-Grosseteste *De venenis* and *De oculo morali*. It gives us quite a good text of the Gamma family. This codex was once the property of William Horman, lower master of Eton.

Li*– Oxford, Lincoln College, lat. 6, s. XV^1, folios 192^r–209^v, was given to the College "ex dono Johannis Malberthorpe post decessum eiusdem". It is written in double columns probably by John Malberthorpe (it is signed M.J.M. at the end of the volume, folio 212^r), in a well formed late English textual gothic hand of the second quarter of the fifteenth century. It has been corrected by the scribe, and its margins have been heavily annotated with study outlines calling attention to the contents. Despite its relatively late date, it provides a very good version of *De decem mandatis*, although several interpolations (probably derived from later marginal additions to the exemplar) have found their way into its text. In addition to *De decem mandatis*, it contains theological questions, several letters of Jerome, and Augustine's *De disciplina christiana*. Immediately following *De decem mandatis* on folios 209^v–212^r is an alphabetical *index rerum* to the contents of the entire codex.

Ll– Oxford, Lincoln College, lat. 105, s. XIV^2, folios 34^r–46^v, a beautiful large book written by an English scribe, also contains Grosseteste's sermons and *De confessione*, ps.-Grosseteste *De lingua* and *Summa iustitie*, as well as Boethius's *De consolatione philosophiae*, the *Dialogi* and *Sermones* of Gregory the Great, and John of Salisbury's *Polycraticon*. This codex once belonged to Thomas Gascoigne and later to Robert Flemmyng, bishop of Lincoln, who gave it to Lincoln College.

In spite of its illustrious owners and attractive appearance, it was carelessly and incompetently executed and is often incoherent.

Lm– Oxford, Bodleian, Laud Misc. 85, s. XIV[1], folios 32^r–56^v, is written in double columns in an English hand. Despite its early date, its text is quite bad. A seventeenth-century reader has quite inconsiderately marked up this volume. Being unfamiliar with the standard medieval abbreviations, he has scratched out what he did not like, "corrected" much that was already clear, and passed over places where clarification would have been appreciated. He seems not to have had another copy of the treatise, but to have corrected the grammar and sense as it seemed to him appropriate.

Ln*–– Lincoln Cathedral MS 125, folios 50^r–78^v, also containing the ps.-Grosseteste *De lingua*, is written in double columns in a very neat English gothic bookhand of around 1400. It also contains the ps.-Grosseteste *De venenis* and *De lingua*, a *Tractatus quomodo temptationes sunt evitande* attributed to Grosseteste, and Pecham's *Oculus moralis*. Although written later than R_7 and *Lc*, it often gives a less corrupt version of the Gamma family.

Lu– Oxford, Bodleian, Laud Misc. 524, s. XIV[1], folios 83^r–110^v, written in long lines by an English hand of the first quarter of the fourteenth century, is among the oldest surviving copies of the complete treatise. It was therefore a matter of considerable disappointment to us to discover that its text, related to the Gamma family, was too bad to be of any real use in our edition.

R*– London, British Library, Royal 6. E. V, s. XIV[2], folios 228^r–239^r, written in double columns by an English scribe, is one of the most important collections of Grosseteste's works and contains a portrait of him within an illuminated "A" on folio 6^r. A member of the Beta family, it is a beautiful and carefully made codex and is extensively corrected, but its exemplar was not the best, and it consequently contains many mistakes. Still, it is considerably better than many of the earlier codices. It also contains *De cessatione legalium* (folios 185^r–211^v).

R_7*– London, British Library, Royal 7 F II, s. XIV^m, folios 168^r–184^r, another major collection of Grosseteste's works (sermons, *dicta*, letters), was written in a hand of the mid-fourteenth century imitating a hand of the mid-thirteenth century, by Johannes Plenus Amoris, who signed his name on folio 167^v at the end of *De cessatione legalium*. Although the scribe himself made many careless errors, his exemplar, a member of the Gamma family, was quite good.

Rb– London, British Library, Royal 11 B III, s. XIII$^{ex.}$, folios 319^v–328^v, also containing some of Grosseteste's sermons, was written by an English scribe late in the thirteenth century. Unfortunately it is a loose paraphrase and despite its early date has been of no use in establishing the text.

T– Cambridge, Trinity College MS B. 15. 20, s. XIV^2, columns 674–742, written in an English hand, is a collection of pastoral treatises, including Grosseteste's sermons, *dicta, Templum Domini, De confessione* I, and *De eucharistia. De decem mandatis* immediately follows *De cessatione legalium*. It is carelessly copied, and so contains many mistakes and omissions. This codex was once in the possession of Henry Howard, Earl of Northampton (1540–1614).

Tc– Cambridge, Trinity College MS B 15 38, s. XIII^m, an early collection of Grosseteste's sermons and *Dicta*, contains as well Grosseteste's translation of the *Testamentum XII Patriarcharum* and ps.-Grosseteste *De contemptu mundi*, actually a portion of Hugh of St. Victor's *De vanitate mundi*,[5] and some excerpts from the third commandment of our treatise on folios 32^v–33^r.

*Tr**– Cambridge, Trinity College MS B. 14. 36, s. XIV^m, folios 128^v–219^v, a collection of works on the ten commandments, the seven deadly sins, their remedies and punishments, is among the best of the surviving copies of *De decem mandatis*. Thomson dates it as mid-fifteenth century, but this must be a slip. The dating of this codex is complicated by the fact that the scribe has consciously archaized his hand, imitating the appearance of a twelfth-century book. But his letter forms are unmistakably those of the second quarter of the fourteenth century. We have therefore altered Thomson's dating and have given this codex considerable authority as one of the best surviving MSS. It is not without mistakes, but it seems to be a very reliable witness to the original form of the text.

U– Cambridge University Library Ii. 1. 26, s. XV^1, folios 39^r–71^r, written in an English hand of the early fifteenth century, is a collection of pastoral treatises, including sermons, the *Compendium poenitentiale* of William de Montibus, the ps.-Grosseteste *De venenis*, and another treatise (anonymous) on the ten commandments. Its text of Grosseteste's *De decem mandatis* is extremely poor.

V– Vatican lat. 4367, s. XIV^2, folios 71^v–104^v, written in long lines by an English scribe, is of little value in establishing the text. It does however have some interest in that it is more closely related to *Hf* and *C* than are any of the other codices of the Beta family.

---

5.   Edward B. King, "The *De contemptu mundi* Attributed to Grosseteste," *Speculum* 58 (1983), 724–26.

Vi* – London, British Library, Cotton Vitell. C. XIV, s. XIV², folios 35ʳ–57ʳ, containing as well Grosseteste's sermons and letters and the ps.-Grosseteste *De oculo morali*, is also fire-damaged, but not so severely as *C*. It is highly corrected, but its text is somewhat vitiated by its frequently being badly corrected to the readings of *R*.

In editing the *De decem mandatis* we have not had the advantage (as we had for the *Hexaëmeron* and *De cessatione legalium*) of a surviving copy going back to Grosseteste's lifetime and owned and corrected by Grosseteste himself. Instead we have twenty-four MSS, several of poor quality and nearly all written from seventy-five to 150 years after Grosseteste's death. All of them were written in England, and they seem to go back to a single original – in all probability the copy which Grosseteste bequeathed to the Oxford Franciscans; some may have been direct copies of this exemplar, and several others are copies at one or more removes. In these circumstances one might have expected the construction of a *stemma* of at least the main MSS to be fairly easy, but this has proved not to be the case. Some late MSS (*D*, *Li*, and *Do*) are considerably superior to several quite early ones (*Lu*, *Lm*, and *Ll*). In addition to this, the best MSS share mistakes in such a way that no *stemma* we could construct would account for them. We accordingly hypothesize that copies continued to be made from the exemplar in the Oxford Franciscans' library through the mid-fifteenth century, and that the best MSS (*HfTrDLiLDo*) are either direct copies (almost certainly *Hf* and *Li* are) or copies at one remove from the exemplar. Thus most of the mistakes of this group arise from obscurities in the exemplar: unclear abbreviations, interlinear or marginal corrections and additions of the author or other readers, or Grosseteste's highly individual and old-fashioned handwriting or the handwriting of his scribe. The author's text of the *Hexaëmeron* and *De cessatione legalium* provides evidence that all these sources of confusion existed in at least one volume which Grosseteste himself owned and corrected. It provides abundant evidence that Grosseteste was not a careful corrector of his own works. His style, too, though powerful, was not always lucid. If the original copy of *De decem mandatis* was at all like the copy of the *Hexaëmeron* and *De cessatione legalium*, we would have all the conditions necessary for the state of the MSS copied from it. For the sake of convenience, we refer to this group (i.e., *HfTrDLiLDo*) as Alpha. In addition there are two well-defined families of MSS: Beta (*CRVi*), very likely but not certainly descended from *Hf*, (6.6. vel maius] et magis; 6.15.incomparabilem] incomparabile; 8.19 invidendo] timendo 14.32.impii *om*.; 20.30. propagacionis] propaginis; 74.25.impediende] impediendi);   and Gamma

(*LnLcR₇*), descended from a lost exemplar (17.17.subsistit] homini sistit; 22.7.prefinicione] profanacione; 24.3.portatur *om.*; 22.28.facit] fecit; 40.20.longevitas] longevitatem; 59.14.canonisque] catholicisque; 77.4.invito] invicem; 77.28.ditatum iri] ditaturum).

In spite of the difficulties of the *stemma*, it has been possible in almost every case to construct a text which we can accept with confidence as a correct record of what Grosseteste wrote. The errors and varied interpretations of the exemplar by different scribes can nearly always be resolved by close attention to the sense of the passage, and most of the uncertainties which remain can be resolved by the consensus of those MSS which in other respects show themselves to be closest to the original. Among these *Hf* holds the first place, and when it is in error, *Tr*, *Do*, *D*, *Li*, and *L* have been called on to provide an acceptable solution. Yet there are several places in our text where the testimony of the MSS, the sense of the passage, and paleographical probabilities all permit more than one defensible reading.

I 16. In a quotation from Bede's *De templo*: sculpturas histriatas] sculpturas historiatas *HfC(V)Do*. *Historiatus* would seem to be the more familiar reading, and *Hf*, supported by *Do*, has it. All the others have the unusual, but possible, *histriatas*, and this reading is distributed through all three groups of MSS. It requires fewer gratuitous assumptions to suppose that *histriatas* was what Grosseteste wrote, and that *HfC(V)Do* share a mistake, than to assume that a very unusual word occurred independently as a mistake in all three groups, especially since all MSS have *sculpturas histriatas* above in I 15. (The Bede MSS are similarly confused; Oxford, Bodl., Laud Misc. 257, for example, reads *historiatas* in both places, although this variant is not noted in either the *PL* or *CCL* editions of the *De templo Salamonis*.) We have consequently adopted *histriatas* in our text, although we realise that an argument can be made for *historiatas*.

I 28. lege propagationis] lege propaginis *HfC(V)RVi*. This is another case where *Hf* seems to have gone astray and to have been followed by *C(V)RVi*, since all the MSS of Alpha and Gamma have *propagationis*. But an argument could be made for *propaginis* not only because this is the reading of *Hf*, but also because in Grosseteste's *De cessatione legalium* I viii 1 all the MSS, including Bodl. lat. th. c.17, which Grosseteste personally corrected, read: ". . .et ex concupiscentiali lege propaginis" (fol. 162[D]). In spite of this, we have adopted the better attested and more correct *propagationis*.

II 8. affligit *TrDLDoLn*] infligit *HfLiCRViLcR₇*. On the basis of sense alone, one would probably adopt *infligit*, assuming a contrast between 'Deus affligit' and 'homo vel diabolus infligit'. But the distribution of this reading gives one pause. Although *Hf*, the earliest and generally the best of the MSS, has *infligit*, as do most of the members of Beta and Gamma, all the Alpha MSS but *Li* have *affligit*, and they are joined by *Ln*, the best of the Gamma family. The sentence can be read thus: ". . .et si est malum pene, (Deus) *iuste* affligit, quamvis forte homo vel diabolus *iniuste* aliquando eam affligit," contrasting *iuste* and *iniuste* rather than *affligit* and *infligit*. This is admittedly problematical – a difficult choice, which we have made on the basis of the distribution of the readings rather than strictly on the meaning of the phrase.

IV 31. In a quotation from Ambrose' *Hexameron*: ". . .materne sedulitatis officio et pari nutrimentorum subministracione pascit et nutrit" is undoubtedly what Ambrose wrote, but we are concerned with what Grosseteste wrote. *TrDL* have *per nutrimentorum subministracionem*; all the other MSS omit *pari* (or *per*) and leave *subministracione* in the ablative. Either *pari* (pi) had been corrupted to *per* (p) in Grosseteste's copy of Ambrose' *Hexameron* and *subministracione* consequently altered to *subministracionem*, or *pari* had dropped out. We cannot explain what happened. Clearly the preferable wording is *subministracione*. But in this case, it is difficult to explain how *per* got into the tradition at all. In the absence of compelling evidence to the contrary, we have chosen the reading which is stylistically superior and which makes sense over that which is awkward and does not strictly make sense.

VI 10. inundacio diluvii *HfDoLiC(V)RVi*; inundacio *TrDL*; diluvium *LnLcR7*. It seems probable that Grosseteste had added *diluvii* in the margin of his copy. The addition was overlooked by some scribes, and by the scribe of the Gamma exemplar it was understood as a correction and was read *diluvium*. There can be no certainty on this matter, but our hypothesis provides a likely explanation of what occurred and yields the most satisfactory reading.

PRINCIPLES OF EDITING

Our first concern has been to restore the text, as far as possible, to what Grosseteste wrote, and secondly to give sufficient variant readings that the reader might be informed of the principal versions of the book which were actually in circulation. The number of surviving MSS presents difficulties. To account for the variants in twenty-four MSS, the apparatus would quickly become enormous. After a certain point, as the size of an apparatus grows, its usefulness declines. Our solution to the problem has been to select twelve MSS (denoted by an asterisk) for inclusion in the apparatus. They have been chosen for the quality of their texts, for being representative of the principal families, and for their dates. Even for the MSS chosen for inclusion, all variants are not noted. Except for *Hf* and *Tr*, unique variants are generally excluded unless they seem particularly important. This will, we hope, provide the reader with a good text of *De decem mandatis* and inform him of the important variant readings throughout the work.

In the matter of orthography, although we do not have a text like Bodley lat. th. c. 17, which was corrected by the author, we do have as a guide Hereford Cathedral MS P. III. 12, written within a generation of Grosseteste's death, with great care and accuracy. Many of the MSS often use the spellings *sicud*, *set*, *velud*, and *eciam*, but *Hf* uses *sicut*, *sed*, *velut*, and *etiam*, and we therefore use these spellings throughout. Otherwise, the spellings are those common to thirteenth-century codices: the *ae* and *oe* diphthongs are written as *e*, *t* often becomes *c* and *c* sometimes becomes *s* before *i* or *e*, *mt* becomes *mpt*, and so on. Grosseteste had definite ideas about representing numbers. When they were being used in calculation, as in *De cessatione legalium*, II vii 8, he used Roman, or occasionally Arabic, numerals. But otherwise he insisted that they be spelled out (see the numerous corrections in Bodl. lat. th. c. 17). Consequently, we have spelled all numbers and have not noted the variants in the apparatus.

The large number of surviving MSS of *De decem mandatis* (as well as the indications that many of them were subject to hard use) is witness to the considerable popularity of Grosseteste's treatise. Master John Malberthorpe copied it for his own use (*Li*); Nicolas Kempston bequeathed his copy (*J*) for the use of preachers,[6] and his book was used after his death by M. Medekoke and Thomas Tither; and Thomas Gascoigne, that great fifteenth-century admirer of Grosseteste and advocate of good preaching, owned a copy (*Ll*). Other names connected with the surviving MSS are John, Lord Lumley (*Rb*), William Gray, bishop of Ely (*Ba*), Robert Flemmyng, bishop of Lincoln (*Ll*), Simon Greene, vice-chancellor of Oxford and Precentor of Lincoln (*Ln*),

---

6.   "Liber quondam magistri Nicholai Kempston, qui obiit anno domini 1447, nunquam vendendus secundum voluntatem ultimam debitoris defuncti, sed libere occupandus a sacerdotibus instructis in lege domini ad predicandum verbum dei successive ab uno sacerdote ad alterum sacerdotem, gratis et absque omni precie deliberandus quamdiu duraverit liber iste. Orate igitur pro anima eius. Datur M. Medekoke sub condicione predicta anno domini 1501." Folio 3ᵛ

William Horman, lower master of Eton (*Lc*), Henry Howard, Earl of Northampton (*T*), Thomas Nevile (*Tr*), and William and Gregory Webb (*Ha*). There are also extant literary traces of its influence. S.H. Thomson has called attention to Wyclyf's use of the book,[7] and we hope that this edition will facilitate the identification of many more, especially of the fifteenth and sixteenth centuries, when interest in the treatise seemed to reach a peak. And although all the surviving MSS of the work are English, one (*D*) was being used in France in the seventeenth century, and another (*V*) somehow found its way to the Vatican.

Grosseteste would surely have been pleased by its popularity and the hundreds of preachers who must have learned from it how better to execute their office. We offer this edition as a testimony to Grosseteste's pastoral concerns, which, we are sure, were more important to him than the purely academic, for which he is better known in our day.

---

7.   For example in his *De decem mandatis* and *Opus evangelicum*. See S. Harrison Thomson, *The Writings of Robert Grosseteste*, p. 131.

ROBERTI GROSSETESTE

DE DECEM MANDATIS

[Prologus]

1. Sicut dicit apostolus: *Plenitudo legis est dileccio . . . qui enim diligit legem adimplevit*; et sicut dicit beatus Augustinus: "Ille tenet quod latet et quod patet in divinis sermonibus, qui caritatem tenet in moribus." Hoc est verbum consummans et abbreviatum, dilectionis
5 videlicet preceptum, in quo observato lex consummatur, et ad cuius brevitatem innumera multitudo moralium preceptorum et verarum regularum vivendi reducitur; sive quas scripserunt scripture sacre editores, sive eiusdem expositores, sive mundane philosophie investigatores, sive non scriptas docuerunt, vel in suis actibus adimpleverunt, vel
10 implere potuerunt. Sapientissime ergo a divina sapiencia contra negligentes provisum est, ne se possent excusare per mandatorum multitudinem quasi ipsa multitudine ad addiscendum difficilium et ad faciendum importabilium. Omnia enim redegit ad brevissimum numerum unicum, videlicet caritatis mandatum, quod et intellectu est

Titulus

De decem preceptis *C*
De mandatis secundum lincolniensem *R*
De preceptis *i.m. L*
incipit lincolniensis de preceptis 10 *V*
Sequitur tractus domini R. Lincolniensis de decem preceptis *Tr*
incipit tractatus lincolniensis de X mandatis *Ha*
incipit lincolniensis de X preceptis decalogi *Ll*
prohemium in mandata per lincolniensem *U*
lincolniensis super X precepta *man. rec. Lm*
incipit lincolniensis de mandatis *Lu*
tractatus lincolniensis de mandatis *R₇*
summa de X mandatis *i.m. sin.*, de dileccione et X mandatis *i.m. sup. Rb*
Lincolniensis summa decem mandatorum *D*
Incipit libellus domini lincolniensis de decem preceptis decalogi *Do*
Domini Lincolniensis sermo primus de mandatis *Li*
Lincolniensis de mandatis *Ln*

1 apostolus] ad Corinthios *add. L*; ad Corinthios 12 *add. Do*   9 vel[1]] et *add. CRVi*; et *LcR₇*   12 quasi] pro *LDo*   difficilium] difficile *LDo*   13 importabilium] importabile *LDo*   redegit] redigit *CLR₇*

1 Rom. 13:10   1 Rom. 13:8   2 Aug. *Sermo* 350, 2

facillimum et ad faciendum in opere suavissimum. Hoc mandatum est
etiam unicum verbum: ama!

2. Et cum amor inordinatus amor non sit, sed libido, idem est in
virtute sermonis 'ama' et 'ama ordinate', hoc est nil ama non amandum,
nil non ama amandum, sed ama unumquodque quantum et quomodo a   5
te amari debet. Quod si forte propter ignoranciam multorum aman-
dorum et quantitatis et qualitatis amoris eisdem debiti dum in via huius
peregrinacionis ambulas, hoc implere non potes, ut unamquamque rem
tantum et sic ames quantum et quomodo amandum est, saltem huius
amoris retine amorem et illum invincibilem, ut videlicet invincibiliter   10
ames te amare unamquamque rem quantum et quomodo a te amari
debet. Sic enim amando amorem hunc, et eundem amorem, licet non
dum omnino explicitum et velut in ramos plene expansum, tenes sicut
involutum et in radice contentum. Huius autem amoris actus proprius
est ut faciat quisque ad unumquemque alterum quod sibi vellet, id est   15
velle deberet, fieri ab eodem altero, si ipse esset in condicionibus
alterius et alter in condicionibus ipsius. Hunc itaque amoris actum et in
actu suo amorem ipsum docuit et precepit Dominus cum dixit: *Omnia
quecumque vultis ut faciant vobis homines, ita et vos facite eis: hec est
enim lex et prophete.* In hiis itaque paucis verbis dedit ipse Dominus   20
mandatum caritatis, ex quo solo pendent omnia legis et prophete
mandata.

3. De amore autem, velut de unica et prima radice, bifurcantur
hinc amor Dei et illinc amor proximi, ut *diligas scilicet Dominum Deum
tuum ex toto corde tuo, et ex tota anima tua, et ex tota mente tua et . . .*   25
*proximum tuum sicut teipsum, in quibus duobus mandatis universa
pendet lex et prophete.* Sicut enim ait Iohannes Chrysostomus: "Iustum,
honestum et commodum omnemque omnino virtutem in paucis syllabis,
in brevibus verbis atque manifestis, nos Christus edocuit tantum
docendo, quoniam *in duobus mandatis lex pendet et prophete*, id est in   30
Dei et proximi caritate." Est igitur Deus super omnia incomparabiliter
diligendus, sicut ipse est incomparabiliter super omnia bonus. Proximum vero, hoc est omnem hominem, (nil enim in creaturis tam

---

4 sermonis *om. DLnLcR₇*   5 nil . . . amandum *om. CRVi*   12 amorem² *om.*
CRViLnLcR₇   13 ramos] ramo *RVi*   15 quisque] quilibet *LRViR₇*   id est *om. C*;
et *RViR₇*   27 Iustum] et *add. CRVi*   30 docendo] dicendo *LiDoRVi*   32 diligendus . . . incomparabiliter *om. LcR₇*

---

3 Cf. Grosseteste *In 1 Cor.* 13:2 (I 96B et I 114A-B)   18 Matth. 7:12   21 Cf.
Matth. 22:40   24 Matth. 22:37   26 Matth 22:40   27 Chrysostomi *Hom. in Matth.*
1, 5   30 Matth. 22:40

proximum homini ut homo) sicut nosipsos diligere debemus. Unde cum
nullus possit alium diligere sicut diligit se nisi prius diligat se, ut
diligamus proximos sicut nos, prius est ut diligamus nos.

    4. Sed forte dicis: 'Quis seipsum non diligit?' Respondet tibi
psalmista, dicens: *Qui diligit iniquitatem odit animam suam*. Qui enim et
meliorem partem sui, hoc est animam suam, odit, quomodo se diligit?
Et forte interius perscrutanti patebit quod odire animam suam est
simpliciter, et non secundum quid, seipsum odire. Manu enim mea
abscisa, adhuc non secundum quid, sed simpliciter, sum ego. Similiter
et, singulis partibus abscisis, remaneo ego, et vere possum dicere: ego
truncor, ego pacior, ego vivo, ego morior. Igitur, ut dictum est: *Qui*
diligit iniquitatem, se non diligit, amat enim anime sue et sic forte sui
mortem pessimam, que est iniquitas. Amans enim alicuius mortem,
proculdubio ipsum odit cuius mortem diligit. Nullus itaque iniquus
seipsum diligit, unde nec alium diligit sicut diligit se. Sicut itaque dictum
est, ut diligamus alios, prius oportet ut diligamus et nos; hoc est, ut
verum bonum nostrum invincibiliter nobismetipsis desideremus. Verum
autem bonum nostrum est vita eterna: cognoscere, scilicet, verum
Deum et quem misit, Ihesum Christum; et fides catholica, per dilectionem operans, que nos per hanc peregrinacionem sine errore ducit ad
patriam; hoc est igitur nosmetipsos diligere fidem, spem et caritatem in
via, et visionem per speciem plenamque summi boni fruicionem in
patria nobismetipsis desiderare; et hoc invincibiliter, ut scilicet ab hoc
desiderio non possit nos divellere neque ullus adversorum terror neque
ulla voluptas prosperorum. Sic quoque et proximus, id est omnis homo,
tam infidelis quam catholicus, tam inimicus quam amicus, est diligendus. Omni enim, et infideli et inimico, hoc invincibiliter est desideran-
dum ut, infidelitate et iniquitate relictis, fidem, spem et caritatem
firmissime teneat, quarum ductu ad vitam veram eternam perveniat, hoc
est proximum sicut seipsum diligere.

    5. De istis igitur duabus dilectionibus, Dei videlicet et proximi,
quasi de duobus stipitibus natis de una radice caritatis, ramificantur

---

2 ut] vel *R₇*; sicut *add. R*   6 hoc est] scilicet *Tr*   12 iniquitatem] odit animam suam
add. TrL   enim] mortem *add. L*; *i.m. man. rec. D*   sue] mortem *add. RViLnR₇*
forte *om. Tr*   21 nosmetipsos] nosmet *DC*   22 speciem] spem *R(Vi illeg.)LcR₇*; et in
add. L   plenamque] plenam *CRViLnLcR₇*   23 ut *om. Tr*   23–24 ab hoc
desiderio] ad hec desideria *Tr*   27 enim] homini *add. LDo*   28 infidelitate] etiam
add. CR(Vi illeg.) LcR₇   28 et *om. CR(Vi illeg.)*

---

3 Cf. Grosseteste *Sermo* 6, foll. 79ᶜ–80ᴬ   5 Ps. 10:6   11 Ps. 10:6   16–17 Cf.
Ioan. 17:3

velut decem rami magni, decem videlicet mandata decalogi. De quibus decem mandatis tria oriuntur ex dilectione Dei, et septem ex dilectione proximi. Et tria priora, ad dilectionem Dei pertinencia, erant scripta in prima tabula, et septem sequencia in secunda tabula; quas duas tabulas dedit Dominus Moysi in monte Sinay. De quibus dicitur in Exodo: *Dedit quoque Dominus Moysi in monte Sinay duas testimonii lapideas scriptas digito Dei.* Et in eodem libro paulo post dicitur: *Et reversus est Moyses de monte, portans duas tabulas lapideas in manu sua, scriptas ex utraque parte, et factas opere Dei; scriptura quoque Dei erat sculpta in tabulis.* Quod autem hec scriptura Dei in tabulis sculpta fuit decem decalogi mandata patet ex libro Deuteronomii, ubi Móyses alloquitur populum, dicens: *Locutus est Dominus ad vos de medio ignis. Vocem verborum audistis, et formam penitus non vidistis. Et ostendit vobis pactum suum quod precepit ut faceretis, et decem verba que scripsit in duabus tabulis lapideis.* De istis decem mandatis, quasi de decem ramis magnis, ramificantur ulterius omnia mandata moralia que continet lex et prophecia, que continet tota scriptura sacra, que homini viatori vix, aut nullomodo, pre multitudine sunt innumerabilia, sicut in arbore ramosa, stipes et rami principales brevi comprehenduntur numero, cum extremorum ramusculorum de hiis exortorum vix sit numerabilis multitudo.

6. Istorum itaque decem mandatorum de gemina dilectione exortus nobis proponitur considerandus. Nec parva in eius consideracionem adhibenda est intencio, sed potius ex omnibus viribus adhibendus conatus cum eadem decem mandata speciali quadam prerogativa Dei dicantur scriptura. Si enim in quadam humana investigacione reperta et humano opere scripta plerumque, totaliter nostra se erigit attencio, quanto amplius in ipsa nos convenit assurgere toto attencionis conamine, que eterna Dei et ineffabilis omnisciens sapiencia in humani generis salutem specialiter preordinavit et digito (hoc est opere proprio vel Spiritu suo Sancto) descripsit. Et forte ideo ista decem mandata specialiter Dei dicuntur scriptura, quia in hiis observatis est

1 decem² . . . quibus *om. L*   9 sculpta] scripta *Tr*   10 fuit] sunt *CRViLnLcR₇*; sint *L*   11 mandata] precepta *TrDLi*   16 continet] quecumque *RVi*   20 numerabilis] innumerabilis *CR(Vi lec. inc.)*   24 consideracionem] consideracione *LDoLn*   25 quadam] quedam *DCR(Vi illeg.)Lc*; quidem *R₇*   28 attencio] intencio *Li*   28 toto] tota *TrLLn*   29 attencionis] intencionis *Li*; ascensionis *CRViLcR₇*   31 suo *om. R₇*   32 observatis] observatus *C*; observata *RLcR₇*

5 Exod. 31:18   7 Exod. 32:15   12 Deut. 4:12   16 Cf. Grosseteste *In 1 Cor.* 14:19 (I 464A)

salus et vita eterna; et in eorumdem transgressione, mors perpetua. Dei
namque sunt prerogativa opera que salutis humane principalius et
specialius sunt effectiva, et hominum gressus spiritalis in viam salutis et
pacis directiva.

5   7.   Qualia sunt hec decem mandata, attestante ipsa Veritate, cum
querenti cuidam quid faciendo vitam eternam haberet, respondit dicens:
Si vis ad vitam ingredi serva mandata. De quibus mandatis intellexerit
ipsemet exponit, subiungens: *Non homicidium facies. Non adulterabis.*
Non furtum facies. Non falsum testimonium dices. Honora patrem tuum
10   *et matrem tuam.*

1 eorumdem] eorum *TrCRVi*   3 spiritalis] spiritales *TrDLLn*   6 haberet] et
add. Tr; possidebo *LnLcR₇*   6 dicens *om. Tr*   7 mandata] et *add. DLnLcR₇*   8
exponit] dicens *add. Tr*

3 Cf. Luc. 1:79   7 Matth. 19:17   8 Matth. 19:18

[De primo mandato]

1. De dileccione itaque Dei primo exoritur, velut ramus primus, istud primum decalogi mandatum: *Non habebis deos alienos coram me.* Qui enim Deum super omnia diligit, illi soli ut summo bono amore inheret, eundemque solum summum bonum credit. Si enim aliquid 5 aliud crederet esse equale bonum illi quod summe amat vel maius bonum ipso, illud summe amatum Deus non esset, cum Deus sit id quo magis excogitari non potest, immo etiam maius quam excogitari potest. Ergo cum credere non sit nisi cum assensu cogitare, sicut dicit Augustinus, si crederet ac per hoc cogitaret compar ei vel maius bonum 10 eo quod summe diligit, id summe dilectum non esset Deus, et sic nec Deum diligeret. Ad hoc qui incomparabiliter Deum super omnia amat, veneracionem et culturam Deo soli debitas alii non prestat. Prestando enim alii quod credit debitum Deo soli, Deo scienter est iniuriosus, et nullomodo in eum dirigens super omnia incomparabilem dileccionis 15 affectum. Sequitur igitur quod si summe Deum diligit, eidem soli ut summo bono amore inheret; eundemque solum summum bonum credit, eique soli veneracionem et culturam sibi soli debitas persolvit. Ac per hoc nec aliud credit summum bonum, nec alii amore inheret ut summo bono; vel alii veneracionem et culturam sibi soli debitas prestat, et sic 20 alienum Deum non habet. Hoc est enim alienum Deum habere: aliud a Deo vero vel summum bonum credere, velut summum bonum maxime amare, vel veneracionem et culturam soli Deo debitas alii prestare, vel simul hec tria facere; videlicet, aliud ab ipso ut summum bonum credere, et ut summum bonum maxime amare, et culturam soli Deo 25 debitam alii prestare.

2. Cum enim Dei diffinicio sit esse summum bonum, hoc unicuique Deus est quod in credulitate sua, vel amore suo, vel cultura et veneracione sua, vel in pluribus horum, vel in omnibus, summum bonum est. Prohibetur itaque isto mandato primo, ne aliud a vero 30 summo bono vel summum bonum credamus, vel ut summum bonum maxime amemus, vel veneracione et cultura soli summo bono debitis

---

3 soli *om. Tr*   6 vel maius] et magis *CRVi*; vel magis *D*   7 quo] quod *TrCR*   9 sit *om. TrD*   10 ei *om. TrD*   12 hoc] hec *TrD*   14 est] esset *CRVi*; *om. L*   15 incomparabilem] incomparabiliter *CRVi*   17 inheret] adheret *LnLcR₇*   18–20 Ac ... prestat *om. LnLcR₇*   29 sua *om. LDoC*   vel¹] et *TrD*   in² *om. CVRViL-cR₇*   30 est] esse credit *L*   itaque] in *add. Tr*   32 et] ut *CR*

---

2 Cf. Grosseteste *Sermo* 31, foll. 345[D]–346[A]; *Sermo* 83, fol. 37[D]; *Sermo* 86, fol. 347[B-C] Exod. 20:3   4–26 Cit. Joannes Wyclyf *De mandatis divinis* 16, p. 172   6 Cf. Anselmi *Proslogion* 2   9 Locum Augustini non potuimus invenire

adoremus. Tollit itaque mandatum istud et ydolatrie impietatem et amoris a summo bono ad inferiora declinacionem.

3.　Sunt autem quidam veram catholicam fidem profitentes et ore confitentes qui, tamen corde quo creditur ad iusticiam, Deum non usquequaque credunt esse summum bonum; ut qui invocant Deum non propter ipsum habendum, sed propter alia habenda per ipsum, ex eius largicionis collacione finem sue invocacionis statuentes, non ipsum Deum, qui est summa felicitas, sed felicitatem in hiis transitoriis propter quam impetrandam invocant. Si enim crederent Deum esse summum bonum, crederent ipsam quam expetunt felicitatem in transitoriis multo excellenciorem et ampliorem esse apud Deum, sicut revera omne pulcrum et omne bonum inferius excellencius et amplius est apud summum bonum. Unde omnis creata pulcritudo et bonitas et felicitas summe pulcritudinis et bonitatis et felicitatis vestigium quoddam et umbra quedam est.

4.　Si autem quod expetitur in inferiori crederetur esse excellencius et amplius apud Deum, ibidem cicius et forcius eidem expetito inhererent, et non ad aliud apprehendendum in inferiori et ulteriori ubi minus est, ultra tenderent. Sicut si tendo ad aliquid quod est in fine alicuius vie, et illud occurat michi in media via, multo excellencius et amplius quam possit, et quam credam in fine vie posse reperiri, non ultra tendo cum iam habeo maiori compendio illud quod volebam uberius et melius. Qui igitur Deum invocant non ut finem, sed ut attingant per ipsum ipso pertransito in transitoriis felicitatem, non credunt ipsum summum bonum summamque felicitatem, cum si hoc crederent sue intencionis apud ipsum metam figerent. Hii sunt qui Deum amant inferiorum bonorum largitorem et odiunt eundem eorundem bonorum abutentibus iustum ablatorem. De quibus dicitur: *Confitebitur tibi cum benefeceris ei*. Confitentur enim cum accipiunt ex Dei dono quod volunt, et blasfemant cum paciuntur ex eius iusticia quod nolunt. Talem credidit diabolus fuisse beatum Iob, cum dixit: *Extende paululum manum tuam, et tange cuncta que possidet, nisi in faciem benedixerit tibi*. Quem enim viderat receptis bonis gracias egisse et credidit non datorem nisi propter data amasse, putavit nimirum

---

1 istud *om. L*; illud *D*　　9 impetrandam] eum *add. DViLnLcR₇*　　10 crederent *om. C*; crederit *D*　　11 sicut] sic *RVi*　　13 creata] creatura *DLcR₇*　　14 summe . . . felicitatis *om. Tr*　　18 inhererent] hererent *R*; inherent *D*　　24–25 non . . . felicitatem *om. R*　　26 metam] meram *D*; motam *LcR₇*　　figerent] fugerent *TrR*　　27 bonorum *om. Tr*; et ab *add. CD*; ab *add. Tr*

29 Ps. 48: 18　　32 Iob 1:11

ablatis bonis blasfematurum esse. Tales itaque, ut dictum est, Deum
esse summum bonum non omnimodo vere credunt. In quorundam
quoque amore ipse Deus summum bonum non est, hoc enim est amori
summum bonum quod ipso amore summe amatur.

5.   Omnes autem transgressores preceptorum Dei aliquid aliud   5
plusquam Deum amant, illud videlicet propter quod adipiscendum vel
retinendum ipsius precepta sua transgressione violant. Illud namque
plusquam Deum preeligunt, quem precepti sui transgressione propter
aliud tenendum contempnunt. Unde convincitur quod tales Deum non
summe amant, nec in eorum amore summum bonum est. Ac per hoc nec   10
ipse in eorum amore Deus est, sed hoc est ipsis in eorum amore Deus,
quod ab ipsis summe diligitur, cum hoc sit eorum amori summum bonum
quod summe diligunt. Unde qui summe diligunt gule voluptatem, *eorum
Deus*, sicut dicit apostolus, *eorum venter est*. Et qui summe diligunt
pecuniam, per avariciam que est ydolorum servitus, eorum Deus   15
nummus est. Et ex similitudine istorum argui potest quod qui summe
diligunt luxurie voluptatem, hec illis Deus est; et qui superbiendo
maxime diligunt propriam excellenciam, hec illis Deus est; et qui
invidendo maxime diligunt alienam depressionem, hec illis Deus est. Et
similiter de ceteris viciis, quodlibet aliquem Deum habet alienum, in quo   20
habendo quanta fiat iniuria Deo, ex simili convinci potest.

6.   Imaginemur terrenum regem aliquem in regni trono sedentem,
et aliquem eiusdem regis servum regem ipsum de regni sui trono
eicientem, et ad regis iniuriam platearum sordes in eius trono colloc-
antem, quod gravi supplicio tale factum puniendum esset, omnibus   25
elucet. Quanto magis hii graviter puniendi sunt, qui Deo in amore suo
aliquid proponunt? Ipse namque non solum est summus rex, sed et
summus sacerdos et summus iudex, cuius civitas et templum fidelis est
anima, in qua velut regni solium et tronus et sacerdotalis cathedra et
iudicis tribunal est fidelis amoris summitas. In summo enim, sive in   30
intimo amoris fidelis anime, Dei regis, sacerdotis et iudicis propria sedes
est. Qui igitur de intimo amoris sui Deum expellunt, et ad iniuriam
ipsius in amoris sui summo et intimo, sive sordes gule, sive sordes
luxurie, sive aliarum quarumlibet voluptatum, ipsas summe amando
collocant, quanto digni sunt supplicio non facile quis explicare poterit.   35

2 omnimodo] omnino *LiCLnLcR₇*   8 Deum *om.TrD*   quem] quam *D*; quod
LiRViLnLcR₇   9 tales *om. Tr*   17–18 superbiendo . . . qui *hic om. Tr et ponit infra
ante*: Deus est (1.19)   19 invidendo] timendo *LCRVi*; invidie *LcR₇*   26 quod] quam
RVi   31 amoris] amore *TrR₇*

13 Philip. 3:19

Veneracionem autem et culturam soli Deo debitas, aliis a vero Deo falsis, scilicet diis alienis, ab inicio prestiterunt ydolatrie, et deos alienos in sua cultura habuerunt et veneracione. Quorum quidam, secundum quod dicit Sapiens, *errantes coluerunt mutos serpentes et bestias sup-*
5 *ervacuas.* Quidam autem ignem, aut spiritum, aut citatum aerem, aut gyrum stellarum, aut nimiam aquam, aut solem et lunam, rectores orbis terrarum deos putaverunt. Quidam autem, sicut dicit Ieremias, demoniis et non Deo immolaverunt. Quidam vero deos aureos et argenteos et lapideos et ligneos politos a fabro et ornatos adoraverunt.
10 Et sicut dicit apostolus: *mutaverunt gloriam incorruptibilis Dei in similitudinem ymaginis corruptibilis hominis et volucrum et quadrupedum et serpentium . . . qui mutaverunt veritatem in mendacium et coluerunt et servierunt creature pocius quam creatori, qui est benedic-*
tus in secula.
15   7.   Talium impietas in hoc primo decalogi mandato expresse percutitur; veneracionem autem et culturam soli Deo debitas aliis prestat. Quicumque, vel oracionibus vel sacrificiis vel quibuslibet obsequiis, ab alio quam Deo intendit, et nititur optinere id quod solus Deus potest dare, et qui alii offert quod sibi soli Deus precipit offerri ut
20 qui expetunt ab alio remissionem peccatorum, cum solus Deus dimittat peccata, vel regnum celorum cum solus Deus hoc conferat, vel qui propheciam, vel scientiam, vel aliqua de bonis mediis, vel etiam infimis, ab alio expetunt ut a principali datore (cum ipse Deus omnium bonorum, etiam infimorum, solus sit principalis auctor et largitor), vel
25 qui sacrificia que Deus sibi soli precepit offerri aliis offerunt.
    8.   Habent autem adhuc aliqui baptizati et ex nomine Christi christiani vocati huius impietatis aliquos ramusculos et aliquas reliquias, ut qui conspecta nova luna ad ipsam se inclinant, et cruce Christi se signant, et oracionem dominicam dicunt, et tunc ter in gyrum se vertunt;
30 et eum hominem qui primo occurrerit eis, osculantur, credentes se per hoc toto illo mense a periculo liberari. Hic enim ritus traductus videtur ad posteros a progenitoribus gentilibus, qui solem et lunam et celi militiam adoraverunt et coluerunt. Multi enim forte de talibus gentilibus

---

2 diis *om. R*; et *add. DViR₇*   6 aut nimiam aquam *om. L*   7 Ieremias] Ieronimus *Tr*; se *D*; Moyses *L*; Psalmus *Li*   10 Et] sic *add. Tr*   apostolus] ad Romanos II *add. LDoLn*   16 percutitur] qui colunt aliud a Deo pro Deo *add. C*   19–20 precipit . . . Deus *om. Tr*   26 et ex] oportet Christi *L*   27 impietatis] nummus *add. R*; *add. i.m. Vi*

---

4 Sap. 11:16   7 Cf. Deut. 32:17, 29:17 et Baruch 6:7, 6:38   10 Rom. 1:23   28–31 ut . . . liberari] vulgatur apud Beryl Smalley, "The Biblical Scholar," 82, n. 4

cum Christi baptismum susceperunt, ritus inclitos gentilitatis non plene relinquerunt; sed, sicut quidam de Iudeis baptizatis cerimonialia veteris legis cum lege nova servare voluerunt, sic et gentiles quidam ritus impietatis vetustos suscepto baptismate exercuerunt, ut qui lunam in gentilitatis errore adoraverant suscepto baptismate eidem adhuc aliquas 5 veneraciones prestiterunt. Filii vero eorum quod videbant huiusmodi a parentibus fieri, et ipsi, ut moris est, sunt imitati, et sic in filios filiorum usque modo processit erroris impii prava consuetudo; ut si modo queratur ab aliquo talium quare ad novam lunam se inclinet, non habet aliud quid respondeat nisi quod suos progenitores sic facere vidit. Hoc 10 itaque modo verisimile, hec et huiusmodi, a patribus gentilibus in filios christianos derivata esse, et hiis que a parentibus ad imitandum filii susceperunt, utpote ad novam lunam inclinacionem et in gyrum trinam conversionem et primi occurentis hominis deosculacionem; aliqua de ritibus christianis eos adiunxisse, utpote cruce Christi frontis 15 signacionem, et oracionis dominice dictionem.

9. Sapiunt quoque aliquid de gentilitatis errore et demoniorum veneracione quorumdam spectaculorum inspectiones, utpote spectaculorum theatralium et circi et amphitheatri que christianis prohibite sunt, et summopere vitande. Unde Ysidorus in libro *Eth-* 20 *imologiarum* cum officia scenica descripsit, ita concludit dicens: "Est plane in artibus scenicis Liberi et Veneris patrocinium, que privata et propria sunt scene, digestu corporis et fluxu. Nam molliciem Libero et Veneri immolabant, illi per sexum, illi per fluxum dissoluti. Que vero ibi vocibus, et modis, et organis et lyris, transfiguntur Apollines et Musas et 25 Minervas et Mercurios patronos habent. Quod spectaculum, christiane, odire debes, quorum odisti auctores." Item idem in eodem libro, cum amphitheatrum et eius officia eiusque artifices descripsisset, ita concludit: "Hec quippe spectacula crudelitatis et inspectio vanitatum non solum hominum viciis, sed et demonium iussis instituta sunt. 30 Proinde nichil debet esse christiano cum circensi insania, cum impudicicia theatri, cum amphitheatri crudelitate, cum atrocitate arene,

---

1 inclitos] illicitos *RVi*   4 vetustos] iniustos *TrD*   5 adoraverant] adoraverunt *DLiLnR₇*   6 videbant] videbantur *D*; in *add. Tr*   7 moris] mos *D*   9 inclinet] inclinaret *CR(Vi illeg.)*; inclinat *LnR₇*   10 quid] quod *TrDR₇*   15 christianis] christianitatis *CRVi*   15 utpote] ut puta *RVi*; *om. Tr*   frontis] frontibus *R*; in frontibus *Vi*   17 aliquid] aliquando quidam *C*; aliqui quidam *Vi*; alii quidem *R₇*   20 summopere] summo opere *CRViLnLc*; summe opere *R₇*   21 descripsit] descripsisset *CRLcLn*; descripsit corr. i.m. in descripsisset *Vi*   23 digestu] sui *add. R*; *add. i.m. Vi*; corr. ex gestu *L*; de gestu *Li Isid.*   25 transfiguntur *om. D*; transumitur *TrVi*   Apollines] Appolinem *LVi*

---

21 Isid. *Etym.* 18, 51   29 Isid. *Etym.* 18, 59

cum luxuria ludi. Deum enim negat, qui talia presumit, fidei christiane
prevaricator effectus, qui id denuo repetit quod in lavacro iam pridem
renunciavit; id est, diabolo, pompis et operibus eius." Item idem in
eodem, cum narrasset quos equorum colores quibus elementis et
5 temporibus gentiles adaptarent, tandem subinfert, dicens: "Dum tali
expectatione deorum cultibus atque elementis mundialibus profanantur,
eosdem deos atque elementa eadem proculdubio colere noscuntur.
Unde animadvertere debes, christiane, quod circum nomina immunda
possideant. Quapropter alienus erit tibi locus quem plurimi satane
10 spiritus occupaverunt, totum enim illum diabolus et angeli repleverunt."
Rabanus quoque sic ait: "Ludi circenses sacrorum causa ac deorum
gentilium celebracionibus instituti sunt, unde et qui eos expectant
demonum cultibus servire videntur." Item, Ieronimus *Ad Furiam
viduam*, eam de moribus viduitatis instruens, dicit: "Iuvenum fuge
15 consortia. Comatulus, comptus, atque lascivus, domus tue tecta non
videant. Cantor pellatur, ut noxius. Fidicinas et psalteras, et huiusmodi
chorum diaboli, quasi mortifera sirenarum carmina proturba ex edibus
tuis." Augustinus quoque in libro primo *De civitate Dei* ait: "Ludi
scenici, spectacula turpitudinum et licencia vanitatum, non hominum
20 viciis, sed deorum iussis Rome instituti sunt." Ex hiis auctoritatibus
evidenter apparet ludorum scenicorum et circensium et amphitheatri
inspecciones demoniorum auctorum huiusmodi spectaculorum esse
quasdam veneraciones.

10.   Non igitur coram Deo nostro deos alienos habeamus, aut
25 aliud ab ipso summum bonum credendo, aut aliud summe amando, aut
cultura soli Deo debita aliud colendo. Et dicit pluraliter *deos alienos*,
quia ad totum humanum genus dirigitur hoc preceptum, in quo diversi
diversa variis erroribus delusi pro Deo coluerunt, et etiam idem aliqui
plures deos habuerunt. Et quia quidam coluerunt pro Deo opera
30 creacionis, quidam figmenta false ymaginacionis, quidam vero figuras et
formas quas figuravit et fabricavit manus artificis; hos autem omnes

3 idem *om. TrDLcR₇*   4 eodem] libro *add. TrD*   narrasset] narraret *Tr*; enarraret
D   8 animadvertere] animadverte *CR(Vi illeg.)*   circum] circensium *L; om.
Tr(spatium vacuum)*   10 repleverunt] Circenses ludi dicti sunt quod in circuendo enses
posita sunt et erant, nam ex una parte enses, ex altera aqua per medium via *add. i.m. L*
(Isid. *Etym.* 18, 27, 3; cf. Grosseteste *Hex.* P 64)   15 Comatulus] Comoculus *Tr*;
Conmaculatus *Li*   16 videant] videat *DLi*; viderant *R₇*   28 diversa] et *add. Tr*   28
idem] eidem *TrDR₇*   30 quidam . . . ymaginacionis *hic om. L et posuit infra post*:
formas (1. 31)   31 fabricavit] formavit *TrDLi*; et fabricavit *om. LnR₇*

5 Isid. *Etym.* 18, 41, 3   11 Rabani *De universo*, 20, 27   14 Hier. *Epist.* 54,
13   18 Aug. *De civ. Dei* 1, 32

bene dicit alienos, quia alienus est qui natus est alicubi perductus alio
ubi nil adhuc iuris, vel iuste possessionis, nec permanentem mansionem,
inter indigenas adquisivit.

11.   Omnia autem vel que formavit Dei creacio, vel que confinxit
ymaginacio, vel que fabricavit artificis operacio, nata sunt non in   5
divinitatis natura, sed extra. Non enim sunt naturaliter dii, nec veri dii.
Si igitur divinitatis natura intelligatur velut quedam regio, manifestum
quod extra hanc regionem tria predicta nata sunt. Sed ab infidelium
opinione in hanc regionem que non est regio sue nativitatis adducta
sunt, in qua nil sibi ex iure aliquo participandum; consimiliter cum   10
indigenis huius regionis que indigine sunt sole tres persone summe
Trinitatis, vendicare possunt. Recte igitur huiusmodi dii, qui veri dii non
sunt, alieni vocantur.

12.   Sed quid est quod dicit *coram me*, quasi alicubi possunt
haberi, et non in conspectu eius, cui antequam fierent omnia sunt   15
cognita? Aut forte innuere voluit quod ubicumque habeantur, in
conspectu eius palam habentur, sive habeantur in cordis occulta credulitate, sive in oris confessione, sive in operis cultura et veneracione.
Et est sensus sermonis quasi diceret: *Non habebis deos alienos*, qui
ubicumque habeantur *coram me*, 'in meo conspectu' habentur. Et forte   20
etiam voluit per huius particule adieccionem ab ydolatrie et infidelitatis
impietate comminando deterere. Quibus enim displicet malum quod
vident et parati sunt ulcisci in transgressores huiusmodi sermones
habent in consuetudine, ne facias hoc vel illud in conspectu meo, quasi
diceret: 'Si videam ulciscar.' Sic Deus, cui summe displicet malum, et   25
vult vindicare illud, quia summe bonus est; et scit et potest, quia
sapientissimus et potentissimus est, comminando dicit: 'Ne facias hoc
coram me,' quasi diceret: 'Non video hoc sine iusta ulcione.' Et
huiusmodi sensum plus innuat et insinuat modus pronunciacionis quam
sermonis series.   30

13.   Sequitur: *Non facies tibi sculptile neque omnem similitudinem.*
Ubi primum monere potest cum prohibuisset generaliter ne aliquid
aliud a se coleretur ut Deus, neque videlicet creatura neque figmentum
ymaginacionis neque figmentum ymaginacionis neque opus artificis; cur
post hoc, statim specialiter plus, prohibet coli quod fabricat artifex, et   35

---

1 est² *om.* LDLiLcR₇   1–2 alio ubi] alibi ubi *Li*; alio loco ubi *R*; alio loco ut *R₇*   4
confinxit] confinxerit *C*   5 artificis] artis *TrL*   9 regio *om. Tr*   16 voluit] noluit *C*;
volunt *Tr*   16 habeantur *om. LR₇*   20 coram me *om. LCRVi*

19 Exod. 20:4   20 Exod. 20:4   31 Exod. 20:4

de cultura creaturarum non videtur specialem facere mentionem? An
forte ideo plus de artificiali opere, hoc est de idolo, ne colatur specialiter
prohibet, quia ad huius culturam erant proniores et hoc ex instinctu
superbie, que est amor proprie excellencie. Ex qua plus amat, et
5　admiratur et veneratur plerumque homo quod suum opus est, licet vile
et parvum, quam quod alienum opus est, licet illud sit preciosum et
magnum. Ex huius pessimi amoris obcecacione et impulsu forte erant
homines proniores et prompciores ad colenda simulacra, que sunt opera
manuum hominum, quam ad colendas creaturas que sunt opera
10　Domini, magna et exquisita in omnes voluntates eius. Forte etiam ideo
hoc expressius prohibuit quia hoc fieri ab hominibus magis odivit.

14.　Quanto enim aliquid a summo bono et vero ente est elo-
ngacius, tanto eidem summi boni honorem prestare est sceleracius, et
summe iusticie displicens amplius. Artificium autem omne (cum sit opus
15　hominis ex parte ea qua est artificium, sicut est omne ydolum) omni
creatura (cum quelibet sit opus Dei) a Deo multo amplius esse
elongatum liquido claret. Prohibet ergo ne faciat homo sibi sculptile
quod colat ut Deum, unde subiungit: *Non adorabis ea neque coles.* Sed
non prohibet quin faciat sibi homo sculptas et figuratas similitudines ex
20　quibus recordetur Deum et recolat ad ipsum colendum; immo etiam vult
tali fine eas fieri.

15.　Unde et Beda in exposicione templi Salomonis ita dicit:
"Notandum sane hoc in loco quod sunt qui putant lege Dei prohibitum
ne vel hominum vel quorumlibet animalium sive rerum similitudinem
25　sculpamus, aut depingamus in ecclesia aut alio quolibet loco, eo quod in
decalogo legis dixerit: *Non facies tibi sculptile, neque omnem*
similitudinem, que est in celo desuper, et que in terris deorsum, nec
eorum que sunt in aquis sub terra. Qui nequaquam hoc putarent, si vel
Salomonis opus ad memoriam revocassent, qui et in templo intus
30　palmam fecit, et cherubin cum variis celaturis, in columpnis illius
malogranata et rete, in mari quoque hoc eneo duodecim boves et
sculpturas histriatas, sed et in basibus luterum, sicut in sequentibus

1 specialem] specialiter *TrDLi*　　3 proniores] prompciores *DLcR₇*　　7 obcecacione]
excecacione *L*; abortacione *LcR₇*; et aberracione *add. C*　　8 colenda] colendum
TrL　　10 Domini] Dei *DC*　　in . . . eius *om. L*　　12 vero] vere *CRLcR₇*　　ente]
caritate *Tr*　　15 omni] cum *RVi*　　16 quelibet] quilibet *RVi*　　17 liquido] siquidem
Ln; liquide *RR₇*　　18 subiungit] subiungitur *L*; dicens *add. R*; *add. i.m. Vi*　　25 aut²]
vel *DCRVi*　　26 decalogo] cathalogo *L*　　28 vel *om. RLcR₇*　　31 rete] recte *L*

23–14:27 Bedae *De templo Salomonis* 19　　26 Exod. 20:4

legitur, leones cum bobus, palmas, axes et rotas, cum cherubin et vario
picturarum genere fecit; vel certe si ipsius Moysi opera considerassent,
qui, iubente Domino, et cherubin prius in propiciatorio, et postea
serpentem fecit eneum in heremo, cuius intuitu populus a ferorum
serpentium venenis salvaretur. Si enim licebat serpentem exaltari   5
eneum in ligno, quem aspicientes filii Israel viverent, cur non liceat
exaltacionem Domini Salvatoris in cruce, qua mortem vicit, ad
memoriam fidelibus depingendo reduci, vel alia eius miracula et
sanaciones, quibus de auctore eodem mortis mirabiliter triumphavit,
cum horum aspectus multum sepe compunctionis soleat prestare   10
contuentibus, et eis quoque qui litteras ignorant, quasi vivam dominice
historie pandere lectionem?

    16. "Nam et pictura Grece zograffia, id est viva scriptura,
vocatur. Si licuit duodecim boves eneos facere, qui mare superpositum
ferentes quatuor mundi plagas terre respicerent, quid prohibet   15
duodecim apostolos pingere, quomodo *euntes docerent omnes gentes,
baptizantes eos in nomine Patris et Filii et Spiritus Sancti*; viva, ut ita
dixerim, pre oculis omnium designari scriptura? Si eidem legi contrarium non fuit in eodem mari sculpturas histriatas in gyro decem
cubitorum fieri, quomodo legi contrarium putabitur, si historias sancto-   20
rum ac martyrum Christi sculpamus, sive pingamus in tabulis, qui per
custodiam divine legis ad gloriam meruerunt eterne retribucionis att-
ingere? Verum si diligencius verba legis attendamus, forte apparebit
non interdictum aut ymagines rerum aut animalium facere, sed hec
ydolatrie gratia facere omnimodo esse prohibitum. Denique dicturus in   25
monte sancto Dominus: *Non facies tibi sculptile, neque omnem
similitudinem*, premisit: *Non habebis deos alienos coram me*, ac deinde
subiunxit: *Non facies tibi sculptile, neque omnem similitudinem, que est
in celo desuper, et que in terra deorsum, nec eorum que in aquis sunt sub
terra*; atque ita conclusit: *Non adorablis ea, neque coles*. Quibus verbis   30
declaratur aperte quod ille similitudines fieri prohibentur ab hominibus
qui in veneracione deorum alienorum facere solent impii, queque ad

    2 considerassent] considerent *C*; considerant *L*; considerasset *Tr*   5 salvaretur]
sanarentur *RVi*   9 sanaciones] salvaciones *D*   9 triumphavit] triumphant *TrD*   11
eis] eius *CR*   qui] si *L*; sacras *add. L*   12 historie] passionis *TrD*   18 dixerim]
dixerimus *RR₇*   19 histriatas] hystoriatas *HfDoC*   24 aut[1] *om. CR*   24–25 sed
. . . facere *om. L*   25 omnimodo] omnino *LiR₇*   esse] est *TrR₇*   27–28 premisit
. . . similitudinem *om. L; i.m. inf. Vi*   32 qui] que *TrDRBeda*; quem *Vi*   impii *om.*
CRVi   queque] quisque *R*; que *L*

    16 Matth. 28:19

colendum atque adorandum gentilitas errabunda, reperit. Ceterum, ut
reor, similiter hec fieri, nulla legis divine littera vetuit; alioquin et
Dominus temptantibus se Phariseis de tributo Cesaris reddendo, in quo
nomen et ymaginem Cesaris expressam esse dicebant, nequaquam
5   responderet: *Reddite que sunt Cesaris Cesari et que sunt Dei Deo*. Sed
pocius eorum corrigeret errorem, dicens: 'Non licet vobis impercussura
auri vestri ymaginem facere Cesaris, quia talem sculpturam lex divina
prohibet esse. Namque locus esset ut ostenso sibi numismate census hoc
diceret, si in eo Cesaris ymago causa ydolatrie, et non ad iudicium magis
10 regie potestatis esset deformata'."
        17.   Ex hiis verbis Bede satis elucet quo fine similitudines fieri
permittuntur et quo fine fieri lege prohibentur. Inter sculptile autem et
similitudinem quidam nullam assignant differenciam, sed per utrumque
nomen idem reputant ad maiorem expressionem signari. Quidam vero
15 horum nominum significata differre existimant. Potest namque sculptile
intelligi quod de solida fit materia per parcium exteriorum materie
abscissionem. Sculptio namque aliquid resecat de exteriori materia;
similitudo vero quod fit per linearum protractionem sive ablacione
alicuius partis de materia, quales sunt in tabulis picture, vel lineate
20 effigies. Vel potest intelligi quod alterum nomen significet ydolum rei
existentis, reliquum vero significet ydolum rei que sola ymaginacione
fingitur esse; vel quod alterum sit signum rei corporee, reliquum vero
rerum incorporearum. Vel forte sculptile voluit intelligi ydolum quod
non adorabatur propter aliquid aliud cuius signum et similitudo esset,
25 sed quod ipsummet propter se adorabatur, vel ab adorantibus
Deus reputabatur; similitudinem vero quod signum et simulacionem
gerebat alterius, et in veneracionem alterius, quod Deus reputabatur,
colebatur. Si autem hec nomina in hoc loco mysticam habeant
exposicionem, potest forte non incongrue intelligi quod omnis qui
30 divinitatem alii quam Deo vero attribuit, sculptile et similitudinem sibi
facit. Sculpcio enim, ut dictum est, aliquid a materia que sculpitur
rescindit, et per resectionem deducit materiam in alteram effigiem. Sic
omnis qui vel creaturam vel figmentum vel artificio formatum Deum

---

1 adorandum] ad orandum *C*; orandum *R*   reperit] cepit *Tr*; ceperit *D*   2 vetuit]
metuit *Tr*   7 Cesaris] Cesari *ViBeda*   8 locus] locutus *ViBeda*   15 significata]
signata *LiL*; significato *Tr*   21 significet *om. TrD*   23 incorporearum] incorporalium
RVi; corporearum *Tr*   26 et] ad *add. CR(Vi illeg.)*   simulacionem] assimulacionem
DLiLnLcR₇   30 attribuit] tribuit *LiLnLcR₇*   32 resectionem] resecacionem
LcR₇   33 creaturam] naturam *Vi*

5 Marc. 12:17

ponit, ab eo suas condiciones naturales ymaginacione et opinione
rescindit.

18.　Cum enim Deus sit incorruptibilis, ab eo quod quis ponit
Deum rescindit corruptibilitatem ut ducat illud in divinitatis effigiem;
similiter, cum Deus careat principio et fine, ab eo quod ponitur Deus,　5
rescinditur inicium et desitio. Et similiter, cetere condiciones quas
naturaliter habent creatura et figmentum et artificium, et que
condiciones in Deum cadere non possunt, cum aliquod horum reputatur
Deus ab eo ymaginacione resecatur ut illud in divinitatis effigiem
transformetur. Sic igitur omnis qui Deum habet alienum, sculptile sibi　10
facit, et sicut inferius aliquid tali impietate sustollit ad divinitatis
honorem, sic eadem impietate Dei celsitudinem trahit deorsum ad
alicuius inferioris similitudinem, Deum enim reputat quod tamen alicui
inferiori simile ymaginatur. De hac impia assimilacione dicit apostolus:
Et mutaverunt gloriam incorruptibilis Dei in similitudinem ymaginis　15
corruptibilis hominis et volucrum et quadrupedum et serpentium. Et ipse
Deus, per os Ysaie prophete, ydolatrie impietatem increpans, dicit: *Cui*
ergo similem fecisti Deum, aut quam ymaginem posuisti ei? Et paulo post
iterum ait: *Et cui assimilastis me adequastis me, dicit Dominus?*

19.　Ex hiis verbis satis liquere potest quod ydolatrie impietas　20
divinitatem ponit alicuius inferioris similitudinem, cum Deus nullius sit,
vel paritatis vel imitacionis, similitudo, cum ipse incomparabiliter
excedat omnia, licet homo sit Dei similitudo imitativa. In imitatoria
enim similitudine non sequitur quod si imitans sit simile ei cuius formam
imitatur, illud econverso imitanti se assimiletur. Hiis itaque modis et　25
forte aliis que me latent, multo melioribus exponi potest quod dicitur:
Non facies tibi sculptile neque omnem similitudinem, que est in celo
desuper, neque eorum que sunt in aquis sub terra, et in terra deorsum.
Non adorabis ea neque coles. Cur autem hec adoranda et colenda non
sunt subiungit, dicens: *Ego enim sum Dominus Deus tuus, fortis,*
zelotes, visitans iniquitatem patrum in filios, in tertiam et quartam

---

8 aliquod] aliquid *CLnLcR₇*　9 resecatur] resecantur *DLiLR(CVi illeg.)Ln-*
LcR₇ 10 habet] amat *Tr*　12 eadem impietate *om. R*　impietate] pietate *L*　14
impia] ipsa *TrD*; inepta *Li*　assimilacione] eadem ymaginacione *Tr*　21
similitudinem] similitudine *Tr*　23–24 In . . . similitudine] Deus enim imitatorium
similitudinem *L*　24 formam *om. CRVi*

10–14 Cf. Grosseteste *Hex.* V x 1 et R.C. Dales, "Robert Grosseteste's Views on
Astrology," *Mediaeval Studies* 29 (1967), p. 361　15 Rom. 1:23　17 Isa. 40:18　19
Isa 40:25; cf. Isa. 46:5　21–25 Cf. Grosseteste *Hex.* VIII i 1–2 et J.T. Muckle, "The
Hexameron of Robert Grosseteste: The First Twelve Chapters of Part Seven," *Mediaeval*
Studies 6 (1944), 151–174　27 Exod. 20:4　30 Exod. 20:5–6

generacionem eorum qui oderunt me, et faciens misericordiam in milia
hiis qui diligunt me et custodiunt precepta mea.

20.　Discretive namque ponitur hoc loco hoc pronomen *Ego*, quasi
diceret: 'Sum Deus et nullus alius est Deus,' sicut ipse expressius
5　manifestat per os Ysaie, dicens: *Numquid est Deus absque me, et*
formator quem ego non noverim. Et iterum: *Ego Dominus et non est*
alius, extra me non est Deus. Iterum: *Numquid non ego Deus et*
Dominus et non est ultra Deus absque me? Deus iustus et salvans non est
preter me. Convertimini ad me et salvi eritis omnes fines terre. Quia ego
10　*Dominus et non est alius.* Racionabiliter itaque nullum aliorum adorandum neque colendum, cum nullum eorum Deus sit. Et alibi dictum est:
Dominum Deum tuum adorabis, et illi soli servies.

21.　Preterea, hoc verbum *sum*, cum dicit *Ego sum Deus*, ponitur
substancialiter et signat quod per se et substancialiter et necessario est,
15　cuius comparacione alia non sunt. Unde Ieronimus *Ad Damasum*
papam dicit: "Una est Dei sola natura, que vere est. Id enim quod
subsistit, non habet aliunde, sed suum est. Cetera que creata sunt,
etiamsi videntur esse, non sunt; quia aliquando non fuerunt. . . . Deus
solus, qui eternus est, hoc est, qui exordium non habet, essencie nomen
20　vere tenet. Idcirco et ad Moysen de rubo loquitur: *Ego sum qui sum.* Et
iterum: *Qui est misit me."* De hoc eodem esse dicit etiam Augustinus
Super Iohannem: "Cum videatis omnia ista esse mutabilia, quid 'est'
quod est nisi quod transcendit omnia que sic sunt, ut non sint? Quod
autem sic immutabiliter et substancialiter et per se necessario est, sicut
25　alibi et a pluribus perfecte probatur, simplex et unum solum est et
nullum compar habere potest."

22.　Per utramque igitur dictionem, scilicet per huius pronominis
Ego discrecionem et per huius verbi *sum* significacionem, excludit
deorum pluralitatem.

30　23.　Deus est omnium creacione et formacione, Dominus formato-
rum gubernacione; hominum specialiter est Deus aspectus illustracione
et affectus humane anime directione; et propter hec ipse adorandus.

---

2 mea] Nota per huius pronominis 'ego' discrecionem et huius verbi 'sum'
significacionem deorum excludit pluralitatem *add. L*　3 ponitur *om. Hf*　hoc loco]
loco *TrD*; hic *L*; in hoc loco *LiLnLcR₇*　11 est] sit *TrC*　14 signat . . . et³ *om.*
LnLcR₇　17 subsistit] homini sistit *LnLcR₇*　sed] scilicet *CRVi*　23 sint] sunt
DC　24 autem] aliud *R*; aliquid *Vi*　30 est] enim *RVi*　31 specialiter] pluraliter
LnLcR₇　32 hec] hoc *TrDLi*; est *add. TrDLi*

---

5 Isa. 44:8　6 Isa. 45:21–22　12 Luc. 4:8　15 Ieron. *Epist.* 15, 4　20 Exod.
3:14　22 Aug. *Tract. in Ioan.* 2, 2, 20　30–32 Cf. Grosseteste Glossa in Rom. 1:4 (I
246A-B)

Sicut dicit psalmista: *Venite adoremus et procidamus ante Dominum qui fecit nos; quia ipse est Deus, Deus noster, et nos populos pascue eius et oves manus eius.* Fortis est qui solo verbo omnia creavit ex nichilo. Et sicut dicit apostolus: *Omnia portat verbo virtutis sue* qui eodem verbo potest et animam et corpus mittere in gehennam. *Fortis* est ad resisten-   5
dum omni conatui contra ipsum, cui nil potest resistere. Unde Ysaias: *Dominus exercituum decrevit et quid potest infirmare, et manus eius extenta, et quis avertet eam?* Zelotes est, quia vult omnium amorem in se solum converti et nichil aliud a se amari, nisi propter se; qui et vindicat in convertentes amorem suum in aliud ab ipso, et etiam in volentes   10
amorem ei debitum in ipsos converti. Quia igitur Deus est creando, formando et reformando, omnes influens bonitates, et quia solus talis est, ipse solus super omnia amandus et ex amore colendus, quia Dominus amandus et timendus est. Et quia *zelotes* volens ulcisci, et *fortis* potens ulcisci quos non allicit amor, ne ab ipso apostatent   15
fornicando cum diis alienis, saltem coherceat *timor.*

24.   Sequitur: *visitans iniquitatem patrum in filios, usque intertiam et quartam generationem.* Huic sentencie concordat quod in oracione Ieremie scriptum est: *Patres nostri peccaverunt et non sunt, et nos iniquitates eorum portavimus.* Et huic videtur contrarium quod in   20
Ezechiele scriptum est: *Anima que peccaverit ipsa morietur: filius non portabit iniquitatem patris, et pater non portabit iniquitatem filii.* Et in Cicerone scriptum est sic: "Ferretne civitas ulla latorem istius modi legis, ut condempnaretur filius aut nepos, si pater aut avus deliquisset?" Sed hec que videtur contrarietas varias potest habere soluciones. Potest   25
enim sic intelligi: ut pena eterna nullus pro peccato alterius, sed solum pro suo proprio puniatur. Temporalem vero penam paciatur quis pro peccato alterius, et hoc cum ipsa pena non solum affligit ipsum pacientem sed etiam alium, cuius merito inflicta est ut sit illi alii vel punicio iusta, vel terror salubris. Et hunc intellectum insinuat   30
Augustinus in libro *Contra adversarium legis et prophetarum*, ubi

---

6 conatui] quanti *R₇*   7 potest] poterit *LVi*   12 omnes *om. TrD*   13 amandus] diligendus *R₇*   14 est *om. TrD*   15 ne] nec *CR*   apostatent] apostatarent *TrLi*   16 saltem] talem *CR*   coherceat] cohercent *C*; cohercet *RVi*   23 Ferretne civitas] feret necessitas *TrLnR₇*   ulla] nulla *LnLcR₇*   28 peccato] delicto *Tr*   cum] omnium *TrD*   29 inflicta est] inest *Tr*

---

1 Ps. 94:6   4 Hebr. 1:3   7 Isa. 14:27   8–14 Cit. Joannes Wyclyf *De mandatis divinis* 16, pp. 168–69   17 Exod. 20:5   19 Thren. 5:7   20–22 Cit. Joannes Wyclyf *De mandatis divinis* 16, p. 185   21 Ezech. 18; 20   23 Ciceronis *De natura deorum* 3, 38, 90

loquens de eo quod populus puniebatur pro peccato David, qui
populum numeraverat, ita ait: "Quia in re non disputo quantum et
quam perniciosum elacionis vicium tam sancto viro, ut vellet Dei
populum numerare, subrepserit eorumque mortibus non eternis, sed
5   iam iamque humano condicione venturis et celeriter transituris, fuerit
flagellatus; quorum fuerat multitudine inflatus. Non dico filios Hely non
fuisse infantes, ut iste loquitur, nesciens quid loquatur; sed eius etatis,
qua possent et deberent pro sacrilego ausu, quo se Domino Deo in
sacrificiis preferebant, digna cohercione cohiberi; quod neglectum
10 Deus, non sibi consulens, sed populo cui religio pietasque profuisset,
bello etiam vindicavit: ubi Dei timorem potuerunt augere victuri; per
eorum mortes qui fuerant, etsi senescerent, post non longa temporum
spacia morituri. Mortibus quippe corporum legimus alios etiam mortuos, propter non sua, sed aliena peccata: ubi magis est in dolore cordis
15 plaga vivencium quam in resolucione carnis pena moriencium; ubi
anime de corporibus exeuntes suas causas habent vel malas vel bonas,
non propterea gravate, quia exute: animarum vero morte alius pro alio
plectitur nemo."
        25.   Ex hiis itaque verbis beati Augustini satis liquet aliquos
20 propter non sua sed propter aliena peccata etiam morte temporali
puniri. Sed secundum supradicta verba Ciceronis, istud adhuc videtur
iniquitas, scilicet ut filius vel nepos pro patris aut avi delicto, temporali
pena puniatur; et iniquum etiam est aliquem puniri pro malo quod non
habuit in potestate ne fieret. Non habuit autem filius aut nepos in
25 potestate ne peccaret pater aut avus. Ad hoc autem sciendum quod in
magna re publica Dei, que est universe creature unitas, etsi multi multa
mala opera iniuste et inique agant ex liberi sui arbitrii depravacione,
nullus tamen aliquod malum pene iniuste aut inique patitur; sed ex
iustissimis Dei legibus, redigentibus ad ordinem per iustam penam quod
30 inordinatum fuerit per culpam. Unde et scriptum est: *Iustum non contris-
tabit quicquid illi acciderit*, quia omnem penam sibi accidentem iustam
et equam esse cognoscit, et ex amore iusticie eam fert equanimiter, et
in quantum iusta et equa est, eam amplectitur desideranter. Unde
apostolus non solum non contristatur, sed et *gaudet in tribulacionibus*.

2 Quia] Qua *TrLiLnLcR₇*   3 quam *om. TrVi*   4 mortibus] motibus *C*; moribus
R₇   5 iam *om. CRViLcR₇*   8 sacrilego] sacrilegio *RVi*   12 etsi] et qui *Li*   12
senescerent] se nescirent *LcR₇*   30 fuerit] fuit *L*; fuerat *R₇*   34 apostolus . . .
tribulacionibus *hic om. C et posuit infra post*: incideritis (p. 20, 1. 2)

2 Aug. *Contra adv. legis et proph.* 1, 16, 30   6 Cf. 1 Reg. 2:12–17   30 Prov.
12:21   34 Rom. 5:3

26.   Et Iacobus ait: *Omne gaudium existimate, fratres, cum in temtaciones varias incideritis*. Omnis itaque pena ex iustissimis Dei legibus filiis aut nepotibus inflicta, eisdem pacientibus aliqua iusta et equa racione est debita. Et illa eadem pena que filios aut nepotes carnaliter affligit, patres et avos, qui filios et nepotes carnaliter diligunt,   5
tristicia et dolore contorquet. Unde unica pena duo vel plures affligun-tur; sed unus paciendo, alii vero compaciendo. Potest ergo unica pena plurium culpas punire, pacientis videlicet et compaciencium. Dominus itaque iustissimus index plerumque alicui infligit penam sibi debitam, et in eadem pena vult inordinate compacientem pro aliqua sua culpa   10
punire. Unde paciens eam penam habet pro non suo sed pro alieno peccato, et nichilominus tamen eandem penam equissime patitur, aut pro culpa propria punienda vel purganda, vel ut preservetur a culpa futura, vel coronetur de paciencia.

27.   Unica igitur et eadem pena iustissime affligitur filius, qua tiam   15
iustissime posset affligi, etsi pater numquam peccasset. Et pater qui peccavit, ex eadem etiam pena dolore torquetur. Quod itaque dixit Cicero verum est, et huic sentencie non est contrarium, quia intellexit de filio punito pro solo patris peccato, quam punicionem nulla equitate, circumscripto patris peccato, deberet filius portare.   20

28.   Potest quoque intelligi quod *Dominus visitat iniquitates patrum in filios*, qui non solum sunt filii carne, sed paterne iniquitatis imitacione. In talibus namque filiis visitat Dominus per filiorum penas patrum iniquitates, id est iniquitates quas fecerunt filii ad patrum imitacionem, que bene dicuntur esse patrum, quia has per imitacionem   25
ex patribus traxerunt, et a patribus in filios imitatores defluxerunt. Sic pueri, propter originale peccatum cum quo nascuntur, dicuntur nasci cum peccato primi parentis; quod tamen originale peccatum quod est in puero, ut in subiecto, non est primi parentis ut subiecti, sed primi parentis peccatum dicitur quia viciosa lege propagationis a primo   30
parente usque ad filios traducitur.

29.   Preterea, aliud est fornicari et aliud fornicantem ut fornicetur imitari. Multi enim fornicantur qui, ex alterius fornicantis imitacione, hoc non faciunt. Similiter in quovis genere alio peccandi, aliud est ipsum

---

7 vero *om.* DL   21 quoque] ergo *Tr*; itaque *R*   23 per *om. Tr*   24 id est
iniquitates *om. TrR₇*   26 Sic] Sicud *TrVi*   29–30 ut² . . . parentis *om. C*   30 quia]
quod   *R*   propagacionis] propaginis]   *HfCRVi*   33 fornicantis] fornicacionis
TrLLnLcR₇

1 Iac. 1:2   21 Exod. 20:5

peccatum facere, aliud in faciendo ipsum peccatum imitari. Duo sunt itaque peccata, ipsum videlicet peccatum et consimilis peccati in altero imitatio. Debet enim unusquisque alterius peccatum non imitari, sed ex alieno peccato ad consimile vitandum edoceri et commoneri. Qui igitur
5 alterius peccatum imitatur, in hoc ipso quod imitatur, facit quod non debet. Et ita in hoc ipso quod imitatur, peccat, cum hoc sit peccare, cum facit quod non debet facere.

30.   Iustissime igitur punitur in filiis ipsa imitacio paterne ini-quitatis. Licet autem imitacio rei altera sit a re cuius est imitacio, tamen,
10 quia imitacio preter rem cuius est imitacio non habet esse, nec potest intelligi esse; et ipsa res cuius est imitacio ipsi imitacioni causa est subsistendi – per modum quo frequentissime attribuitur cause quod convenit causato, quod convenit imitacioni – congrue frequenter attribuitur rei cuius est imitacio, et sic, cum punitur in filiis ipsa paterne
15 iniquitatis imitacio, non incongrue dicitur puniri paterna iniquitas quam filii imitantur. Secundum quamlibet igitur dictam exposicionem huius verbi: *visitans iniquitatem patrum in filios usque in tertiam et quartam generacionem*, bene persuadet Dominus deterendo ab iniquitate quam punit non solum in ipsis iniquis, sed etiam in eorum filiis quibus patres
20 deberent parcere, etiam si sibi parcere non curarent.

31.   Et cum hec persuasio generaliter possit aptari ad deterendum a qualibet iniquitate, tamen forte ideo aptatur specialiter ad deteren-dum ab ydolatrie impietate, quia cultus religionis (vel qui videtur esse religionis) est quod maxime filii a parentibus discunt et pertinacius
25 imitantur; et forte quod magis specialiter intellexit iniquitatem patrum quam se, dixit visitaturum in filios *usque in tertiam et quartam generacionem*. Esse ydolatrie impietatem innuit in verbo quod adiungit: *eorum qui oderunt me.* Qui enim tam proprie sunt odientes Deum quam ydolatre, qui divinitatem aliis tribuendo, quantum in ipsis est auferunt
30 illi divinitatis sue maiestatem.

32.   Sequitur: *et faciens misericordiam in milia hiis qui diligunt me et custodiunt precepta mea.* Postquam salubriter deterruit a malo per

---

1 facere] et *add. CRVi*   1 ipsum] alium *TrD*   peccatum] alium *add. CRVi*   2 itaque] enim *Tr*   6 debet] deberet *LDo*   ipso] proprio *Cr*; peccato *Tr*   6 cum² *om. TrDCR*   7 facit] facere *Tr; om. DCR*   8–9 paterne . . . imitacio *om. R₇*   10 nec] et non *RVi*   11 intelligi] intelligere *Tr*   15 incongrue dicitur] incongruere dictus *CRVi*   puniri] ipsa *add. LR₇*   20 etiam *om. L*; et *C*   21 aptari] adaptari *DLiL*   22 tamen] cum *DR*   25 intellexit] intellexerit *CRVi*   27 adiungit] adiunxit *RVi*   32 deterruit] et docuit nos abstinere *add. LDo*

17 Exod. 20:5   28 Exod. 20:5   31 Exod. 20:6

pene comminacionem, dulciter allicit ad bonum per premii promissionem et etiam per ipsius promittentis insinuatam bonitatem, que
penas male meritorum patrum transmittit ad determinatas et paucas
filiorum generaciones. Pro bonis vero patrum meritis, miseretur et bene
facit filiis, etsi per plurimas generaciones sint a patribus elongati. Puto. 5
enim quod per hoc nomen *milia*, voluit signare multitudinem absque
numeri determinati prefinicione, sicut in aliis plerisque scripture locis
ponitur numerus finitus pro infinito, quamquam et hic hoc dicere non
cogamur, quia hoc nomen *milia* millenarios signat, sed millenariorum
numerum non determinat. Milia enim possunt esse et duo milia et tria   10
milia, et quatuor milia, et sic in infinitum.

    33.   Quod autem pro bene meritis patribus parcit Dominus filiis et
benefacit, testantur plurima scripture loca. Moyses namque, cum
Dominus irascaretur populo pro vitulo conflatili, per patrum bene
meritorum allegata merita Dominum que erga patres amorem et   15
promissionem iram Domini placavit, sic namque ait: *Quiescat ira tua, et*
esto placabilis super nequicia populo tui. Recordare Abraham et Ysaac et
Israel servorum tuorum, quibus iurasti per temetipsum, dicens: Mul-
tiplicabo semen vestrum sicut stellas celi, et universam terram hanc, de
qua locutus sum, dabo semini vestro; et possidebitis eam semper.   20
Placatusque est Dominus, ne faceret malum, quod locutus fuerat adver-
sus populum suum. Sic quoque in Genesi legimus quod *Dominus . . .*
recordatus Abrahe, liberavit Loth de subversione urbium in quibus
habitaverat. Et apostolus de Iudeis ait: *Secundum ewangelium quidem*
inimici propter vos; secundum autem electionem, karissimi, propter   25
patres. Sic igitur nos debent allicere ad benefaciendum non solum nostra
propria premia sed et filiorum, quibus debemus velle prodesse liberacio
et copiosa quam meritis patrum facit Dominus cum eis misericordia.
Perfectam itaque persuasionem hic facit Dominus, cum ostendit preceptum suum et fieri debitum et transgredi illicitum. Insuper posse scire et 30
velle esse apud se ad puniendos transgressores et remunerandos
observatores, ipsiusque punicionis et remuneracionis explicat latitu-
dinem.

---

    7 prefinicione] presumpcione *R*; profacione *LnLcR₇*   15 erga *lec. inc. LCR*; arga
Vi   27 premia] penuria *Tr*; merita *Ln*   27 prodesse *om. R₇*   28 facit] faciat *Vi*;
fecit *LnLcR₇*   28 misericordia] misericordiam *RVi*   29 facit] faciat *RVi*

    16 Exod. 32:12   22 Gen. 19:29   24 Rom. 11:28

[De secundo mandato]

1.   Secundum autem decalogi mandatum est istud: *Non assumes nomen Dei tui in vanum*, quod ex dileccione Dei manifeste sequitur post mandatum primum. Qui enim Deum summe et sine modo diligit, sicut
5   Deo nichil preponit, sic eum infra id quod ipse est, non minuit; ut videlicet credat ipsum aliquid minus quam ipse est. Hoc est enim ipsum in vanitatem assumere, credere ipsum aliquid minus quam est, et sic quantum est in credente ipsum minuere et deorsum trahere.

2.   Quicquid enim minus est quam Deus, aut creatura est aut
10   artificium aut ymaginacionis figmentum aut corrupcio aliqua aut privacio (si tamen et has aliquomodo inter encia numerare velimus), quia et hec esse dicuntur, cum, tamen vere nihil sint, hec autem omnia vanitati subiecta esse manifestum est. Quia si omnis creatura vanitati subiecta est, multo magis artificium et ymaginacionis figmentum et
15   corrupciones et privaciones vanitati subiecta sunt.

3.   De creatura autem dicit apostolus: *Vanitati autem creatura subiecta est non volens.* Licet enim sacri quidam expositores hic intelligant per *creaturam* solum hominem, tamen beatus Ambrosius, in libro *Exameron*, ad ceteras creaturas extendit hanc auctoritatem, ubi per
20   figuram qua res inanimata induit personam loquentis, introducit terram de sole, sic loquentem: "Bonus quidem sol, sed ministerio, non imperio; bonus mee fecunditatis adiutor, sed non creator; bonus meorum altor fructuum, sed non auctor. Interdum partus meos et ipse adurit; frequenter michi et ipse dampno est, plerisque locis indotatam me relinquit.
25   Non sum ingrata conservo, michi est in usum datus, mecum labori est mancipatus, mecum vanitati est subiectus, mecum corrupcionis servituti subditus. Mecum congemiscit, mecum parturit, ut veniat filiorum adopcio, et humani generis redempcio, quo possimus et nos liberari a servicio."
30   4.   Preterea quomodo in se vanum non est, quod in se ipso veritas

---

2 autem *om. LDo*   7 quam] ipse *add. RViLnLcR₇*   9 creatura] creatum *LcR₇*   10 aliqua] alia *TrViLcR₇*   11 has] hec *RLnLcR₇*; hac *D*; hac *corr. in* has *Li*   12 cum, tamen] tamen, cum *R*   sint] sunt *DoRLnLcR₇*   12 autem] quidem *RLnLcR₇*   16 autem] enim *LD*   17 hic] hoc *TrViR₇*   21 quidem] est *add. RVi*   22 bonus²] bonorum *CR(Vi illeg.)*   24 plerisque] plurimisque *RVi(C illeg.)*   relinquit] relinquo *TrL*   25 est² *om. Tr(spatium vacuum)*   26 corrupcionis servituti] corrupcioni servitutis *CRVi*   30 Preterea] Propterea *RLcR₇*   quomodo] quando *CRVi*

---

2 Cf. Grosseteste *Sermo* 31, fol. 346^A-B; *Sermo 83, fol. 38^A; Sermo* 86, fol. 347^C Exod. 20:7   16 Rom. 8:20   17 quidam expositores] e.g., Gregorii Magni *Hom. in Evang.* 29   21 Ambr. *Hex.* 4, 1, 4

non est quod si sibi esset relictum, sicut factum est ex nichilo, sic rediret
in nichilum. Non est enim creatura aliqua perpetua ex se, sed ex eo
quod virtute eterni Verbi sine defectu portatur. De quo dicit apostolus
ad Hebreos: *portansque omnia verbo virtutis sue*. Cum itaque omnis
creatura et quicquid citra Deum nominari potest, vanitati subiectum   5
sit, in cuius credulitate minuitur Deus a maiestatis immensitate et
deorsum trahitur ad comparitatem creature, vel alicuius quod nominatur post creaturam; ab ipso manifeste nomen Dei in vanum
assumitur.

    5. Ne igitur in vanum nomen Dei assumatur credere et intelligere   10
Deum debemus, sicut dicit Augustinus in libro *De trinitate*, "quantum
possumus, sine qualitate bonum, sine quantitate magnum, sine
indigencia creatorem, sine situ presentem, sine habitu omnia
continentem, sine loco ubique totum, sine tempore sempiternum, sine
ulla sui mutacione mutabilia facientem, nichilque pacientem." Intel-   15
ligamus eum non hoc vel illud verum, sed ipsum verum verum; non hoc
vel illud bonum, sed ipsum bonum bonum. Intelligamus eum quo nichil
est superius, nichil est melius; non solum optimum quod excogitari
potest, sed et melius quam excogitari potest. Sic itaque credentes et
intelligentes de Deo et tali credulitate congruo amore ipsum diligentes,   20
assumemus nomen eius in veritatem, que ipse est, et non in vanitatem,
que ipse non est.

    6. Item, in vanum assumit nomen Dei qui impietate Arriana
gradus facit in Trinitate, credens Filius Verbum minorem Patre, aut
Spiritum Sanctum minorem Patre et Filio, vel utrisque. Persona namque   25
Filii vel Spiritus Sancti, si minor est, Deus non est, quia Deus est quo
nichil est superius, nichil melius, nichil maius, et si Deus non est,
creatura vel figmentum est, et ita vanitas est. Insuper cum tres persone
necessario unum sint indivisum secundum substanciam ex unitate
substancie indivisibili et inmultiplicabili, sequitur necessario quod ipse   30
sint adinvicem equales. Si igitur in ipsis personis ponantur gradus (cum
ex graduum posicione sequitur ipsarum personarum inequalitas, et ex
unitate indivisibili essencie sequitur earundem personarum equalitas
adinvicem), sequatur contradiccio de eodem, scilicet ipsas tres personas

---

    1 non est *om. Tr*   2 eo] Deo *D*   3 defectu] effectu *L*   portatur *om.*
LnLcR₇   4 Ad Hebreos *om. Vi*; primo *add. R*   Cum itaque] Cumque *RD*   9
assumitur] assumunt *RVi*   19 et *om. TrD*   21 assumemus] assumimus *Li*;
assumamus *R(Vi illeg.)LnLcR₇*   26 est¹] persona Patris *add. C*; Patre *add. D*   26
Deus est quo *om. L*

---

    4 Hebr. 1:3   11 Aug. *De trin.* 5, 1, 21   19 Cf. Anselmi *Proslogion* 2

esse adinvicem equales et non esse adinvicem equales; quod est
impossibilissimum et ideo vanissimum.

7. Item, in vanum assumit nomen Dei qui credit Deum aliquid
fecisse sine fine utili, quod enim caret fine utili, vanum est et frustra.
5   Sunt autem aliqui qui putant bestias crudeles et animalia venenosa et
muscas non solum carere fine utili, sed insuper in hac universitate
creature esse nociva. Et tamen, si queratur ab illis quis hec fecerit, non
inveniunt horum factorem nisi Deum. Quapropter et hii putant Deum
multa solum fecisse nociva et in nullo utilia. Sed omnia talia immensas
10   habere utilitates manifestum est. Cum enim quodlibet talium habeat
magnitudinem, speciem, et ordinem, potest mens conspicientis de facili
intelligere ex magnitudine creature creantis potenciam, et ex specie
creature creantis sapienciam, et ex ordine creature creantis bonitatem,
et ita ex creatura qualibet potest ascendere in Trinitatem creatricem.
15   Parvissima igitur et vilissima creaturarum est scala per quam homo, si
vult, potest ascendere in celum celorum, in Trinitatis videlicet fruicionem. Huic autem ascensui comparari non potest vel auri rutilus
fulgor, vel argenti nitor, vel gemmarum perspicuitas, vel fructuum terre
uberitas, vel aliqua secularis potestas. Quapropter si fuerit tibi formica
20   vel musca, predicti ascensus scala, et equus bellicosus sit tibi occasio
adquisicionis omnium regnorum terrenorum et omnis glorie eorum,
utilior est tibi formica vel musca quam equus bellicosus per quem hec
omnia sunt adquisita. Habent insuper huiusmodi et alias plurimas
utilitates, non solum quia plurima ex hiis, vel omnia, sunt ex parte
25   aliqua medicinalia, et per virtutes suas naturales a Deo utiliter conditas
in universitate creature plurima habent iuvamenta; sed etiam quia illa
que ledunt vel morsu, vel unguibus, vel modo alio, sunt peccantibus
iusta punicio, pacientibus exercitacio aliis ne peccent terror salubris,
omnibus commonicio nostre fragilitatis et contunsio superbe
30   presumpcionis. Quid enim congruencius contunderet hominis
presumptuosam superbiam quam si consideret quod ille est, qui in
mundi principio habuit omnium animalium dominacionem, nunc, peccato exigente, non potest vitare nec superare pulicis importunam
molestacionem? Nichil igitur inutiliter creavit Deus: *Vidit enim cuncta*

1 equales] inequales *DRVi*   3 aliquid] aliquod *RVi*   5 putant] feras *add. R*; feras
add. i.m. Vi   7 queratur] queras *CRVi*   hec] hoc *TrD*   13 creantis] intelligere
add. C   14 creatura] natura *D*   17 non *om. Tr*   19 aliqua] alia *TrLcR₇*; *om.
L*   20 predicti] predicta vel *RVi*   23 insuper] et *LCRViR₇*   28 exercitacio]
commonicio *L*   29 commonicio] contunsio *L*   et contunsio] aliis contencio et
contempcio *RVi*   31 est *om. L*   34 molestacionem] molestiam *L*; molestacionum *Vi*

34 Gen. 1:31

que fecerat et erant valde bona. Quapropter desistant homines a vituperanda creatura Dei, ne per talem transgressionem nomen Dei sui assumant in vanitatem.

8.   Illi quoque qui putant Deum non omnia que vult posse complere, Dei nomen assumunt in vanum. Omnis enim inclinacio ad finem impossibilem, cassa est et vana. Multi quoque sunt qui putant multa mala esse de quibus Deus non faciat bonum, qui etiam in hoc nomen Dei assumunt in vanum. Non enim ipse esset usquequaque solida veritas si permitteret malum esse, de quo nulla fieret utilitas. *Omnia* autem, ut dicit apostolus, *cooperantur in bonum, hiis qui secundum propositum vocati sunt sacti.* Et secundum Augustini sentenciam, omne malum ordinat Deus bene, et omne turpe ordinat non turpiter sed pulcre; et si est malum pene, iuste affligit, quamvis forte homo vel diabolus iniuste aliquando eam affligit. Omne autem quod iuste est, utiliter est. Si vero est malum culpe, piis est hic erudicio ad ipsum malum vitandum, et commonicio ad compaciendum ei qui malus est, et ad pro ipso orandum. Quod si forte et ipsum malum culpe fuerit per totam hanc vitam omnibus aliis incognitum, tamen post hanc vitam, cum *revelabit Dominus abscondita tenebrarum et manifestabit consilia cordium,* malum culpe nunc occultum quod tunc pandetur piis erit materia laudis et gratiarum accionis, quod iuvante gracia consimilia vitaverunt, aut regeneracionis sacramento, vel penitencia, purgaverunt. Et generaliter quicumque aliquid impie credit et asserit, ex quo sequitur vel in essendo vel in agendo, Dei maiestatis, potencie, sapiencie, et bonitatis imminucio, Dei sui nomen in vanum assumere convincitur.

9.   Preterea, qui credit Christum puram esse creaturam, in vanum assumit nomen Dei sui; quia verbum et nomen Patris Christus est, qui, si pura creatura esset, ut supra ostensum est, vanitati subiectus esset. Nec minus in vanum nomen Dei assumunt qui Filii Dei incarnacionem et mortem inefficacem ad humani generis redempcionem putant, vel etiam qui pravis suis meritis eam mortem que ex se suffecit omnes liberare, ad suam liberacionem reddunt inefficacem.

10.   Amplius, nomen Dei in vanum assumunt qui per nomen eius

5

10

15

20

25

30

---

7 faciat] faciet *TrDLi*   13 turpiter] turpe *TrD*   13 iuste *om. D*   14 iniuste] iuste *R*   14 eam] ea *Do*; *om. LnLc*   affligit] infligit *HfLiCRViLcR₇*   15 piis] prius *LcR₇*   16 compaciendum] paciendum *TrL*   29 Dei *om. L*   30 inefficacem] efficacem *Tr*; *corr. ex* inefficacem *L*   31 etiam *om. L*   31 suffecit] sufficit *LiLDoRVi*

10 Rom. 8:28   12 Cf. Aug. *De natura boni* 7, *Epist.* 120, 2, *Enchiridion* 11, et *De agone Christi* 7   19 1 Cor. 4:5   33–27:3 Cit. Joannes Wyclyf *Opus evangelicum* 1, 50, vol. 1, p. 184

falsum et mendacium iurant, assumunt enim nomen eius in falsum et
mendacium quod iurant; quorum utrumque vanum est. Sicut enim dicit
Augustinus, peierando false rei adhibetur Deus testis. Quia itaque tam
periculosum est periurium; vitandum est omne iuramentum ne iurandi
5   consuetudine labamur in periurium. Ideo dicit Dominus: *sit sermo tuus;*
est, est; non, non; quod autem amplius est a malo. Et in Ecclesiastico
scriptum est: *Iuracioni non assuescat os tuum; multi enim cassus in illa,*
quia, ut dictum est, *facilis lapsus in periurium*. Et causa est hec: quia
perfectus est qui lingua non offendit, et vix vel nullomodo est aliquis qui
10 ab ocioso sermone se penitus observat. Consuetudo iurandi sepe facit
labi in iuracionem verbi ociosi. Qui autem verbum ociosum, licet verum
iurando, Deum testem adhibet, sui verbi ociosi, quantum in ipso est,
Deum deducit in accionem ociosam et vanam, quia in verbi ociosi
testificacionem. Ociosi autem testificacio non potest esse nisi ociosa,
15 sicut et ipsum testificatum est ociosum. Similiter, qui dicit verbum
aliquod fine nocendi et iurando, eiusdem sermonis Deum testem
adhibet, quantum in ipso est, Deum facit nocentem, quia qui testem
adhibet assercioni sue ad eundem finem retorquet et suam assercionem
et testis adhibiti testificacionem. Similiter, quandocumque sermo
20 proponitur fine indebito et eidem sermoni adhibeatur Deus testis
iurando, quantum est in iurante, Dei testificacionem polluit indebito et
incongruo fine. Nec potest esse sine peccato, si Dei aliquam
operacionem qui nil facit, nisi per summam sapienciam et summam
racionem, quantum est in te, deducis in ociositatem; et si eius aliquam
25 operacionem qui nil facit nisi per summam benignitatem, deducis in
malignitatem; vel in aliquem finem incongruum, cum in eius operibus nil
sit inordinatum. Non solum itaque iurans falsum, sed iurans ociosum vel
malignum vel incongruo fine prolatum, Dei sui nomen assumit in
vanum, quia in ociosum vel malignum vel incongruum.
30   11. Nequaquam igitur iurandum est nisi cum cogit necessaria
utilitas, utpote cum audienti est utile sermonem credere, nec tamen
illum vult audiens credere nisi confirmetur proferentis iuracione; licitum

---

3 peierando] peiurundo *L*; peiorando *RVi*; periurando *DoLiLcLnR₇*   8 causa] cum
HfC;   cur   *DLiR(Vi illeg.)LnLcR₇*   est   *om.*   *HfLiCRLc*   hec]   hoc   *DLiL-*
DoCRLn   10 observat] observet *L*; vel abstineat *add.* *CRVi*   14 testificacionem]
testificacione *Tr*   20 adhibeatur] adhibetur *RViLnLcR₇*   22 aliquam] aliam *TrDoL-*
cR₇; aliquem *C*   23–25 et summam . . . benignitatem *om.* *L*   23 et] per *add.*
RVi   27–29 falsum . . . ociosum *om.* *L*   27 sed] eciam *add.* *DDoR*; eciam *add. sup.*
lin. Vi   28 prolatum] probatum *RViR₇*   30 est *om.* *RL*

3 Cf. Aug. *Contra adv. legis et proph.* 2, 11   5 Matth. 5:37   7 Ecclus. 23:9

est iurare ut credat audiens quod sibi est utile. Propter hoc non dicitur
quod amplius est, malum est, sed a malo est, quia ab audientis
incredulitate, que mala est. Et in libro Sapiencie scribitur: *Non est
iuramentum virtus, sed peccancium pena.* Qui autem iurant inspectis
sacrosanctis sub hac forma iurare consueverunt: 'hoc est verum sic   5
adiuvet me Deus, et hec sacrosancta;' unde manifestum est quod sub
hac forma peierantes proprio iudicio est gladio lingue proprie, Dei a se
prescidunt adiutorium, et per consequens omne quod est desiderabile et
salubre et bonum, et sic provocant in se omne horribile et infirmitatem
et plagam faciens, et iniquum et malum.   10

    12.   Insuper, ut dictum est, qui falsum iurat, Deum false rei testem
adhibet, sed testis false rei falsus est, et sic omnis peierans Deum facit
falsum et mendacem; quantum in se est, tollit Deo esse veritatem et, cum
Deus sit veritas, aufert illi suam divinitatem. Cum itaque iurandi assiduitas
Dei testificacionem trahat tum in ociositatem tum in malignitatem, in   15
omnem quoque incongruum finem quem intendunt non recto fine
proferentes sermonem. Insuper quoque precipitet hominem plerumque
in peieracionem que quantum est in peierante ab ipso precidit Dei
adiutorium, et sic inducit in ipsum omne malum. Deo quoque quantum
est in ipso aufert esse veritatem et esse Deum; patet quam salubriter   20
admonitum est in Eccesiastico: *Iuracioni non assuescat os tuum*; et quam
vera huius admonicionis subiungitur causa, cum subinfertur: *multi enim
casus in illa*; ubi quoque inculcando repetitur sentencia cum adiungitur:
*Nominacio vero Dei non sit assidua in ore tuo et nominibus sanctorum
non admiscearis, quoniam non eris immunis ab eis. Sicut enim servus*   25
*interrogatus assidue a livore non minuitur, sic omnis iurans et nominans
in toto a peccato non purgabitur. Vir multum iurans implebitur iniquitate,
et non discedet a domo ipsius plaga. Et si frustraverit fratrem delictum
ipsius super ipsum erit, et si dissimulaverit, delinquit dupliciter. Et si in
vacuum iuraverit, non iustificabitur. Replebitur enim retribucione pes-*   30
sima domus illius.

    13.   Sequitur: *nec enim habebit Dominus insontem eum.* Qui

---

1 credat audiens] credens audiat *LnLcR₇*   3 libro] hoc *RVi*   scribitur] scriptum est
RVi   5 forma *om. Vi*   13 Deo *om. Hf*   esse] omnem *Tr*   14 divinitatem]
deitatem *DoR*   16 recto] recte *Tr*   17 precipitet] precipitat *LiLDo*   18
peieracionem] peioracionem *RVi*   18 peierante] peiorante *RVi*   21 Ecclesiastico]
XXXIII⁰ *add. L*   21–22 et . . . subinfertur *om. L*   23 quoque] eciam *LC*   29
ipsius] eius *RVi*   31 illius] eius *RVi*

3 Sap. 14:31   21 Ecclus. 23:9–14   32–27 Cit. Joannes Wyclyf *De mandatis divinis*
17, p. 200   Exod. 20:7

assumpserit nomen Domini Dei sui frustra, posset videri quod innocens
esset qui nulli nocumentum intulisset. Deo autem, cum impassibilis sit,
nocumentum inferri non potest. Propterea qui assumit nomen Dei in
vanum, cum hac assumpcione Deus in nullo ledatur, nec alius a Deo ut

5   videtur hominibus posset videri innocens, qui iudicant secundum faciem
et quorum legibus manus, non animus, cohibetur. Ideo bene sequitur:
*nec enim habebit insontem eum Dominus qui assumpserit nomen Dei sui
frustra*, quasi diceret: 'etsi homines qui secundum faciem iudicant, talem
forte habeant insontem, Dominus qui *intuetur cor* et iudicat, et remu-

10 nerat, et punit, non solum opera sed voluntates et cogitaciones, talem
non habet innocentem.' Voluit enim quantum in se fuit Deo auferre
suam maiestatem; et iudicanda est voluntas non solum ex eo quod actu
consummat et perficit, sed ex eo quod perficere voluit.

14.   Preterea, dicit Augustinus in libro *De decem cordis*: "Tangis

15 secundam cordam qua non accipis nomen Dei tui in vanum, et cecidit
bestia erroris nephandarum heresum." Hoc igitur mandatum elidit
errores heresum. At vero heretici plerique et sibi et suis sectatoribus
videntur ea que dicunt ex solo amore veritatis dicere, et ad nominis Dei
honorem, et non assumendo nomen eius in vanitatem. Videtur quoque

20 multis quod, cum non sit in hominis potestate veritatem cognoscere, sed
lateant plerumque multe veritates etiam diligentissimos investigatores
suos ignoranciam vel errorem in habentibus maxime sciendi amorem, et
addentibus investigandi laborem, non esse imputandos ad culpam.

15.   Contra hanc erroneam opinionem congrue obviat, dicens

25 quod Dominus non habeat illum insontem qui errore heretico et
nephando Dei nomen assumpserit in vanum. Nullus autem hereticus
purum amorem veritatis habet, nec humiliter, sed superbe et curiose,
veritatem investigat. Et ideo iusto iudicio salubris veritas ei occultatur.
Abscondita enim est a prudentibus et sapientibus et revelata parvulis.

30 Et in Parabolis de Sapiencia dicitur: *Siquis est parvulus, veniat ad me*.

---

1 Domini *om. RVi*   3 Dei] sui *add. RVi*   9 habeant] habeat *LR₇*   Dominus
rep. Tr   20 non *om.* C   veritatem] veritate *Tr*   sed] si *TrDL*   21 etiam]
et *DCRViR₇*   22 vel] et *LnLcR₇*   sciendi] in *add. CRVi*   30 Parabolis] Proverbiis
Tr

7 Exod. 20:7   9 1 Reg. 16:7   14 Aug. *Sermo* 9, 9, 13   29–30 Cf. Matth. 11:28 et
Luc. 10:21   30 Prov. 9:14

[De tertio mandato]

1. Sequitur mandatum tertium: *Memento ut diem sabbati sanctifices*. Hoc mandatum quoque ex Dei dileccione sequitur. Qui enim Deum summe diligit, operum suorum finem ad illum dirigit, et hoc est diem sabbati sanctificare, propter quietem in illo per eius fruicionem 5 omnia facere. Verumptamen hoc mandatum in veteri lege ante promulgatam et patefactam humani generis redempcionem per Christi passionem, erat ad litteram observandum, et erat eo die ab omni opere servili omnibus qui legem susceperant vacandum. Nunc autem, exhibita et patefacta nostre redempcionis gratia, cessat hec legalis observancia, 10 sicut in multis locis veteris testamenti est predicta cessatura.

2. Debent autem christiani loco literalis sabbati diem dominicum observare et sanctificare, et ceteras festivitates statutas ab ecclesia quemadmodum easdem statuit et denunciat ecclesia celebrandas. Sanctificare autem diem est vacare ab operibus que communiter voc- 15 antur servilia, que scilicet sunt in huius vite mortalis usus deputaut est arare, seminare, ortos fodere, et similia, et operibus in Dei cultum et veneracionem, et in peccatorum purgacionem et virtutum informacionem et vite immortalis future adquisicionem deputatis occupari et eisdem intendere. Unde manifestum est quod diem festum 20 non sanctificant nec celebrant vel qui opera servilia faciunt vel qui ab hiis vacantes ocio commessacionibus ebrietatibus turpiloquio vaniloquio scurilitati ludisque theatralibus et consimilibus vel peioribus indulgent. Unde et beatus Augustinus de Iudeis male servantibus sabbatum dicit: "Vacare volunt ad nugas et luxurias suas. Melius faceret Iudeus in agro 25 suo aliquid utile, quam in theatro sediciosus existeret; et melius femine eorum die sabbati lanam facerent, quam tota die in neomeniis suis impudice saltarent." Hoc quoque proculdubio beati Augustini verbum christianis ecclesie festivitates in nugis et ociis et luxuriis celebrantibus potest adaptari. Debet itaque totus dies festivus a christiano expendi in 30 sanctis operibus; utpote ante refeccionem in Dei laudibus et oracionibus, in auditu aut doctrini verbi Dei in leccionibus et sanctis meditacionibus. Inter cenandum, temperate et sobrie, debent esse salubres commoniciones et edificantes ad vitam eternam, historice vel

---

3 quoque] quasi *add. RVi*; quasi *R₇*   4 illum] eum *RViLnLcR₇*   14 denunciat] denunciavit *LiCR(Vi illeg.)*   19 immortalis] immortalitatis *Tr*   28 impudice] impudicis *DoC*

---

2 Cf. Grosseteste *Sermo* 31, fol. 346ᴮ; *Sermo* 83, fol. 38ᴬ⁻ᴮ; *Sermo* 86, fol. 347ᶜ   Exod. 20:8.25   Aug. *Sermo* 9, 3, 3

alie narraciones de fide et moribus et vita eterna tractatus et
confabulaciones. Post refeccionem vero non discrepet vita post
meridiana a sanctitate qua occupabatur in hora matutina vel cena, quin
immo, quia illa hora morti est vicinior. Bonum autem meridianum post
5 meridiem cum augmento est operandum iuxta sententiam philosophi,
dicentis quanto appropinquas fini plus bonum cum augmento operare.

   3. Recordari quoque debemus quod Dominus, *deambulans in
paradiso ad auram post meridiem, Adam et uxorem eius super peccato
gule increpavit, et pena convenienti punivit; et eorum exemplo deteriti
10 attencius debemus observare, ne sic simus intemperantes in cena hora
meridiana, quod torpeamus in hora post meridiana a sanctis operibus,
quibus occupabamur in hora ante meridiana; ne forte, audientibus nobis
vocem Domini Dei ad auram, post meridiem erubescentes ipsum
abscondamus nos cum Adam et uxore eius a facie Domini. Attendere
15 quoque debemus quod ideo voluit nos Dominus vacare diebus festivis
ab operibus deputatis necessitatibus huius vite mortalis, ut libere
intendere possimus operibus sanctitatis inantibus ad vitam eterne
immortalitatis.

   4. Ad hec, cum vita futura sit incomparabiliter melior presenti
20 vita penali et misera, et concessi sunt nobis sex dies ad faciendum opera
quibus eget hec penalis vita, qua fronte non unum diem septimane
convertemus totam in opera deputata profectui vite future? Observemus
igitur ut premonuimus dies festivos expendentes totos illos in operibus
sanctis, hoc amore abstinentes nos ab implicacione in operibus et
25 negociis secularibus; diemque dominicum eo attencius observemus
quod ille fuit primus dies seculi in quo facta est lux. Et sicut dicit beatus
Augustinus in libro *Super Genesi ad litteram*, cum "intellectualis vita,
que nisi ad creatorem illuminanda convertetur, fluitaret informiter, ad
eum conversa et illuminata est, factum est quod Dei verbo dictum est:
30 *Fiat lux*." Igitur prime diei, id est diei dominice, operacio est intellectualis conversio vite ad Deum ut ipsi adherens in eo formata et
perfecta sit. Convenienter itaque totus dies dominicus in hoc est
expendendus, scilicet in intellectus nostri ad Deum conversione ut qui

---

1–2 de . . . confabulaciones *om. L*   4 quia] in *add. CRVi; et LLnLcR₇*   10
debemus *om. TrDC*   19 hec] hoc *TrD*   21 eget] indiget *RViLnLcR₇*   24 in] ab
RVi   26 quod] quia *DoRVi*   28 fluitaret] fluctuaret *DoRViLn*   28–29 ad eum]
cum autem *Aug.*   29 verbo] verbum *CR*

6 Arist. *De animalibus* 17 (Gonville and Caius Coll., Cambridge, MS 109/78, fol. 97ᵛ) =
De gen. anim. III, 5 (756a)   7 Gen. 3:8   27 Aug. *De Gen. ad litt.* 1, 9, 17   30
Gen. 1:3

fuimus in nobis tenebre per verbum Dei ad Deum conversi et revocati *simus lux in Domino*.

5. Ad hec, dies dominicus dies est resurrectionis Ihesu Christi a mortuis. Christi autem resurrectio nostram signat et efficit resurrectionem a morte culpe in vitam gracie et a morte pene tandem in vitam 5 glorie. Ex hoc igitur aptissime congruit diei dominice ut solummodo in eo hec intendamus, videlicet cum Christo a mortuis ad vitam resurgente resurgere a morte culpe in vitam gracie, ut tandem resurgamus a morte penali que dicitur mors naturalis in vitam glorie.

6. Preterea, generalis omnium resurrectio et iudicium die octava, 10 id est die dominica, fiet, post quam diem qui assumuntur in lucem, nullam habebunt noctem. Continuabitur igitur illis perpetuo dies dominicus ultimus in quo erunt perpetuo fruentes celesti beatitudine, ubi sola erit operacio Dei continua laudacio. Unde Augustinus *Ad Ianuarium*: "Lege Genesim! Invenies septimum diem sine vespere, quia 15 requiem sine fine significat. Prima ergo vita non fuit sempiterna peccandi, requies autem ultima sempiterna est, ac per hoc octavus sempiternam habebit beatitudinem, quia requies illa, que sempiterna est, excipitur ab octavo, non extinguitur; neque enim aliter esset sempiterna. Ergo erit octavus, qui primus, ut prima vita, sed eterna, 20 reddatur. Sabbatum tamen commendatum est priori populo in inicio corporaliter celebrandum, ut figura esset sanctificacionis in requiem Spiritus Sancti."

7. Est igitur dies dominicus dies nostre resurreccionis, dies audicionis sentencie districti iudicis, dies fruicionis eterne beatitudinis, dies 25 perpetuo continuandus in sola Dei laude, dies in qua erit vita beata sine fine. Quid ergo nobis est agendum diebus dominicis adhuc volubilibus et transitoriis, nisi opera resurreccionis a morte culpe in vitam gratie, ut securi expectemus resurrectionem in vitam glorie, et non timeamus ab audicione mala vocis terrifice, *Ite maledicti in ignem eternum, qui* 30 *preparatus est diabolo et angelis eius*? Sed cum fiducia speramus audicionem bonam vocis suavissime: *Venite benedicti patris mei, percipite regnum quod vobis paratum est ab origine mundi*, ut sic tran-

5 in]² est *Hf*   7 hec] hoc *DLiCRViLnLcr₇*; hoc ipso *L*   intendamus] attendamus *LDo(C illeg.)RViLnLcR₇*   a mortuis ad vitam *om. Tr*   11 post quam] post quem *TrDLiLnLlcR₇*   17 peccandi] peccanti *Aug.*   21 in *om. DoDLnR₇*   inicio] itio *Aug.*   22 celebrandum] celebrando *Aug.*   28 resurreccionis] resuscitacionis *HfDoCRVi*

2 Ephes. 5:8   14 Aug. *Epist.* 55, 9, 17–10, 18; cf. Grosseteste *Hex.* 9, 9, 4   30 Matth. 25:41   32 Matth. 25:34

seamus in ultime et perpetue diei dominice ociosam et simul fructuosissimam operacionem perpetuam, scilicet Dei laudacionem et gloriose maiestatis eternam fruicionem.

8. Non igitur sanctificandi negligenter et custodiendi sunt dies festivi, nec levis culpa reputanda est festivitatum violacio, cum in veteri lege sabati violacio morte erat punienda, ut in Exodo expressum est loquente Domino per os Moysi: *Videte ut sabbatum meum custodiatis, quia signum est inter me et vos in generacionibus vestris, ut sciatis quia ego sum Dominus, qui sanctifico vos. Custodite sabbatum meum, sanctum est enim vobis; qui polluerit illud morte morietur; qui fecerit in eo opus, peribit anima illius de medio populi sui. Sex diebus facietis opus; in die septimo est sabbatum requies sancta Domino; omnis qui fecerit opus in hac die morietur.*

9. Exponitur quoque mistice mandatum istud de observacione sabbati, et hoc est mistice sabbatum sanctificare propter quietam in Deo omnia facere, servantes illud apostoli: *sive comeditis, sive bibitis, sive aliud quid facitis; omnia ad honorem Dei facite.* Sabbatum namque interpretatur 'requies', ad quam quietem pertinet totum hominem pacificari et quietari in Deo et quiescere a perpetrando peccato. Unde subiungit: *sex diebus operaberis*, id est opera facies habentia senarii perfeccionem, in quibus non sit diminucio viciosa aut superfluitas sicut senarius numerus perfectus est, cuius partes neque exuberant neque minuuntur a toto.

10. Sequitur: *Et facies omnia opera tua* (suple: 'in perfecione senarii'). *Septimo autem die sabbati Domini Dei tui* (id est, requiescionis in Domino Deo tuo), *non facies omne opus* (suple: 'servile', id est, peccatum). Quod enim hoc sit adiciendum, ex Levitico haberi potest, ubi scriptum est: *Nullum opus servile facietis in eo*; et in Deuteronomio: *Non facietis in eo quicquam servilis operis.* De hac spirituali observacione sabbati ait Augustinus *Super Iohannem*: "Spiritualiter observat sabbatum christianus, abstinens se ab opere servili. Quid est ab opere servili? A peccato. Et unde probamus? Dominum interroga: *Omnis qui facit peccatum servus est peccati.* Ergo et nobis spiritualiter precipitur observacio sabbati."

---

6 ut] sicut *DLiLCRLnLcR₇*   11 sui] mei *TrL*; *om. Li*   14 istud] illud *DoRVi-LnR₇*   15 Deo] Domino *RViLnLcR₇*   25 requiescionis] requiefaccionis vel *praem. R*; requiefaccionis *in textu*, vel requiescionis *i.m. Vi*   32 probamus . . . interroga] Deus *D*

7 Exod. 31:13–15   16 1 Cor. 10:31   24 Exod. 20:9–10   28 Cf. Levit. 23:8   29 Cf. fortasse Deut. 28:18   30 Aug. *Tract. in Ioan.* 3, 19   33 Ioan. 8:34

11.   Idem quoque in libro *De decem cordis* ait: "Tibi autem dicitur ut observes spiritualiter sabbatum, in spe future quietis, quam tibi promittit Dominus. Quisquis enim propter illam quietem futuram agit quidquid potest, quamvis laboriosum videatur quod agit; tamen si ad fidem promisse quietis id refert, nondum quidem sabbatum habet in re, sed habet in spe." Cum autem 'quies' generaliter significetur per sabbatum quod interpretatur 'requies', et omne opus quod facimus, propter pacem et quietam tranquillitatem facimus; omne opus nostrum spiritualiter in sabbato fit quia in spe alicuius quietis adipiscende. Opus autem peccati, etsi propter quietem fiat, quietem non inducit, sed laborem. Unde opus servile peccati ad sabbatum vere requiecionis et, si forte possit agentis intencione, tamen adepcionem quietis pertinere non potest.

12.   Sequitur: *tu, et filius tuus et filia tua, et servus tuus et ancilla tua, iumentum tuum, et advena qui est intra portas tuas*, quasi diceret: 'neque tu neque aliquis per potestatem tuam compellentem vel persuadentem in sabbato faciet opus servile, neque etiam permittes aliquem sub potestate tua constitutum opus servile, vel ad litteram vel spiritualiter, in sabbato facere cum possis impedire.' Potest quoque per hominem ad quem dirigitur sermo intelligi racio superior, per prolem racio inferior, per servitutem racio inferior admixta sensui, per iumentum ipsa sensualitas, per advenam que est intra portas quicquid ingressum est per portas quinque sensuum et receptum in memoria et sic adunatum anime, quod ipsum possit esse operacionis principium movens scilicet appetitum ad operandum. Nullo itaque horum neque videlicet racione superiori neque inferiori neque eadem admixta sensui neque ipsa sensualitate neque aliquo fantasmate per portas sensuum ingresso, appetitum alliciente, debet homo opus servile peccati facere, quasi ad unum diceret: 'Nulla operativa virtute spe alicuius quietis et tranquillitatis malum facias aut fieri permittas, sed superiori virtute ipsas inferiores rege et cohibe, ipsa videlicet suprema et prius ordinata summe pacis et tranquillitatis intento fine.' Quod autem ponit in prole utrumque sexum, scilicet filium et filiam, et in servitute similiter servum

1 Idem quoque] Ideoque *RAug.*   autem *om. CRViLnLcR₇*   6 significetur] signatur *RViLnLcR₇*   9 fit] sit *DRLnLcR₇*   11 vere] requiefaccione vel *add. R*   12 adepcionem] adopcionem *DoLn*; adopcione *C*; adepcione *DRLcR₇*   19 quoque] eciam *RLnLcR₇*   25 movens] in omnes *D*   appetitum] appetitus *D*   26 neque . . . sensui *om. C*   29 Nulla] oportuna vel *add. R*; oportuna *in textu*, vel operativa *i.m. Vi*

1 Aug. *Sermo* 9, 3, 3   14 Exod. 20:10

et ancillam, ad hoc pertinere potest spiritualiter, quod quedam sunt
opera multum habencia actuositatis et parvam admixtionem passionis
que pertinent ad virilitatem; quedam vero multam habent admixtionem
passionis que pertinent ad femininitatem.

5   13. Postea subiungit racionem operandi sex diebus et requie-
scendi in die septimo, dicens: *sex enim diebus fecit Deus celum et terram,
et mare, et omnia que in eis sunt, et requievit die septimo, idcirco
benedixit Dominus diei sabbati et sanctificavit illum.* In perfeccione
namque senarii dierum ad litteram hec facta sunt, et similiter in
10   perfeccione senarii, hoc est in equalitate virtutis et carentia viciose
superfluitatis et diminucionis fecit Deus celestes et contemplativos,
quorum conversacio in celis est; et activos terrenis actibus sed licitis et
misericordibus adhuc intentos; et mare, hoc est penitentes amaros per
contricionem et dolorem mundumque deserere nitentes. Sed, tamen ad
15   actus mundanos relabentes frequenter omnia que in eis sunt, opera
videlicet virtutum, et sic requievit, hoc est in ipso nos fecit requiescere
ab opere servili vacantes. Vel ad litteram *requievit* (id est a condenda
creatura nova cessavit), qui tamen *usque modo operatur* propagando,
gubernando, in esse conservando creata; vel quievit quia nos quietem
20   suam agnoscere fecit; vel quievit quia nullo extra se eguit, ad quod
adquirendum se inclinaret; vel quievit (id est a creatura condenda
cessando) nostram quietem in ipso et Christi quietem in sepulcro
prefiguravit. Benedicere autem diei septime et benedicendo illam
sanctificare est in quiete fruicionis in ipso nos benedictos et sanctos
25   facere. In quo enim alio sancti et benedicti sumus nisi in quiete
fruicionis perspicue claritatis ipsius.

     14. Hec autem iam dicta tria mandata tres crudeles bestias
viciorum occidunt, testante Augustino in libro *De decem cordis*, ubi
dicit: "Tangis primam cordam, qua unus colitur Deus; cecidit bestia
30   supersticionis. Tangis secundam, qua non accipis nomen Dei tui in
vanum; cecidit bestia erroris nephandarum heresum. Tangis tertiam
cordam, ubi pro spe future quietis facis quicquid facis; interficitur
crudelior ceteris bestiis amor seculi huius."

     15. Item, ex Augustino habere possumus in libro quo respondet

---

2 multum] nullum *RVi*; vel multum *i.m. Vi*   10 viciose] intense *L*   11 contem-
plativos] contemplaciones *TrL*   13 amaros] amoros *Tr*; amares *CRVi*   19 quia] in
add. LCR   quietem] in quietem *TrC*   20 agnoscere] cognoscere *RViLnLcR₇*   21
adquirendum] inquirendum *RViLnLcR₇*   21 inclinaret] inclinavit *Tr*   25 sancti] nos
add. RViLnLcR₇   27 tria *om. D*; qua *R₇*   30 secundum] cordam *add. Tr*

---

6 Exod. 20:11   12 Philip. 3:20   18 Ioan. 5:7   29 Aug. *Sermo* 9, 9, 13

ad inquisiciones Ianuarii quod primum de istis tribus mandatis pertinet
ad Patrem, secundum ad Filium, tertium ad Spiritum Sanctum; et cur
preceptum observacionis sabbati spiritualiter solum accipitur a
christianis (non enim observant litterale sabbatum, cetera autem
precepta ad litteram observant). Dicit enim: "Hinc est, quod etiam in   5
primis tribus preceptis decalogi, que ad Deum pertinent –– cetera enim
septem ad proximum pertinent, id est ad hominem, quod *in duobus*
preceptis lex tota pendet –– tercium ibi de observacione sabbati positum
est ut in primo precepto Patrem intelligamus, ubi prohibetur aliqua coli
in figmentis hominum Dei similitudo, non quia non habet ymaginem   10
Deus, sed quia nulla ymago eius coli debet nisi illa que et hoc est, quod
ipse, nec ipsa pro illo sed cum illo; et quia creatura mutabilis est ac
propterea dicitur: *Omnis creatura vanitati subiecta est*, quoniam natura
universi etiam in parte monstratur, ne quisque Dei Filium Verbum, per
quod omnia facta sunt iam putaret esse creaturam, sequitur aliud   15
preceptum: *Non accipies in vanum nomen Dei tui*; Spiritus autem
Sanctus, in quo nobis requies illa tribuitur, quam ubique amamus, sed
nisi Deum amando non invenitur, quam ubique amamus, sed nisi Deum
amando non invenitur, cum *caritas eius diffunditur in cordibus nostris*
per Spiritum Sanctum, qui datus est nobis, quia *sanctificavit diem*   20
septimam, in qua requievit, tercio precepto legis insinuatur, quod
scriptum est de observacione sabbati, non ut iam in ista vita nos
quiescere existimemus, sed ut omnia que bene operamur non habeant
intencionem nisi in futuram requiem sempiternam. Memento enim
maxime, quod iam supra commemoravi, quia *spe salvi facti sumus; spes*   25
autem que videtur non est spes.

    16. "Ad ipsum autem ignem amoris nutriendum et flatandum
quodammodo quo tanquam pondere sursum vel introrsum referamur ad
requiem, omnia ista pertinent que figurate nobis insinuantur; plus enim
movent et accedunt amorem quam si nuda sine ullis sacramentorum   30
similtudinibus ponerentur. Cuius rei causam difficile est dicere; sed
tamen ita se habet ut aliquid per allegoricam significacionem intimatum
plus moveat, plus delectet, plus honeretur, quam si verbis propriis

    5 ad litteram] litteraliter *Tr*   7 septem] quatuor *TrDLDo*; *om. LnLcR₇*   12 ipse]
ille *Tr*   ac] sic *Tr*   14 quisque] quis *CR*; quisque *corr. ex* quis *Vi*; quibus *Lc*;
quilibet *R₇*; quisquam *LiAug.*   16 preceptum] mandatum *RViLnLcR₇*   18 invenitur]
invenimus *CAug.*   27 amoris *om. TrD*; amorum *RR₇*   flatandum] flammandum
TrDLi; flabetandum *LnLcR₇*   28 introrsum] retrorsum *TrD*   30 amorem] amore
DL

    5 Aug. *Epist.* 55, 11, 20–13, 23   7 Matth. 22:40   13 Rom. 8:20   14 Cf. Ioan.
1:3   16 Exod. 20:7   19 Rom. 5:5   20 Gen. 2:3   25 Rom. 8:24

apertissime diceretur. Credo quod ipse anime motus, quamdiu rebus adhuc terrenis implicatus, pigrius inflammatur; si feratur ad similitudines corporales et inde referatur ad spiritualia, que illis similitudinibus figurantur, ipso quo sit transitu vegetatur et tamquam in
5   facula ignis agitata accenditur, et ardenciore dileccione rapitur ad quietem.

17.   "Ideoque inter omnia decem illa precepta solum ibi, quod de sabbato est positum, figurate observandum precipitur, quam figuram nos intelligendam, et non per ocium corporale celebrandum suscipimus.
10 Cum enim sabbato significetur requies spiritualis, de qua dictum est in Psalmo: *Vacate et videte quoniam ego sum Dominus*, et quo vocantur homines ab ipso Domino dicente: *Venite ad me omnes qui laboratis, et onerati estis, et ego reficiam vos. Tollite enim iugum meum super vos, et discite a me, quia mitis sum, et humilis corde; et invenietis requiem*
15 *animabus vestris*, et cetera tamen ibi precepta proprie, sicut precepta sunt, sine ulla figurata significacione observamus. Nam et ydola non colere manifeste didicimus, et non accipere nomen Domini Dei nostri in vanum, et honorare patrem et matrem, et non mechari, et non occidere, non furari, non falsum testimonium dicere, non concupiscere uxorem
20 proximi tui, et non concupiscere ullam rem proximi tui non figurate aliud pretendunt et mistice aliud significant, sed sic observantur, ut sonant. Observare tamen diem sabbati non iubemur ad litteram secundum ocium ab opere corporali sicut observant Iudei; et ipsa eorum observacio quia ita precepta est, nisi aliam quandam spiritualem
25 requiem significet, ridenda iudicatur. Unde non inconvenienter intelligimus ad amorem excitandum, quod ad requiem tendimus, valere omnia, que in scripturis figurate dicuntur, quandoquidem id solum in decalogo figurate precipitur, ubi requies commendatur, que ubique amatur, sed in solo Deo sancta et certa invenitur.

30 18.   "Dies dominicus non Iudeis sed christianis resurreccione Domini declaratus est et ex illo cepit habere festivitatem suam. Anime quippe sanctorum omnium ante resurreccionem corporis sunt quidem in requie, sed in ea non sunt accione, qua corpora recepta vegetantur.

---

2 terrenis] teneris *HfTrDLCRVi*   implicatus] implicatur *Aug.*   4 quo] quoque *CRLLn*   sit] sic *LRLnLcR₇*   5 agitata] agitatus *Aug.*   15 cetera] reliqua *D*; *lectio incerta HfTrLLiR₇*; novem *Ln*   24 quia] que *TrDLi*   ita] ea add. *RViLnLcR₇*; ipsa add. *C*   25 significet] signaret *RLcR₇*   26 quod] quo *Aug.*   27 quandoquidem] quandoque *Tr*; quoniam quidem *L*   32 sunt] vel non simul add. *R*

11 Ps. 45:11   12 Matth. 11:28–29   15 Cf. Exod. 20:4, 5, 7, 12–17; Deut. 5:8, 9, 11, 16–21

Talem quippe accionem significat dies octavus, qui et primus, quia non aufert illam requiem, sed glorificat. Non enim redit cum corpore difficultas ex corpore, quia nec corrupcio: *Oportet enim corruptibile hoc induere incorrupcionem, et mortale hoc induere immortalitatem.* Quapropter ante resurreccionem Domini quamvis sanctos patres plenos 5 prophetico spiritu octavi sacramentum nequaquam lateret, quo significaretur resurreccio: nam et pro octavo Psalmus scribitur *et die octava circumcidebant infantem*; et in Ecclesiaste ad duorum testamentorum significacionem dicitur: *Da partem septem necnon et octo* et illis servatum est tamen et occultatum est, solum celebrandum traditum 10 est sabbatum, que erat ante requies mortuorum, resurreccio autem nullius erat, qui *surgens a mortuis non moreretur et mors ei non ultra dominaretur*, ut, postquam facta est talis resurreccio in Domini corpore, ut preiret in capite ecclesie, quod corpus ecclesie speraret in finem, iam dies dominicus, id est octavus, qui et primus, inciperet celebrari." 15

[De quarto mandato]

20

1. Sequitur quartum mandatum decalogi quod est istud: *Honora patrem tuum et matrem tuam, ut sis longevus super terram, quam Dominus Deus tuus dabit tibi.* Istud mandatum, quod est quartum a primo mandato, fuit primum in secunda duarum tabularum quas dedit Dominus Moysi in monte scriptas utrasque digito suo. Unde et aposto- 25 lus ad Epheseos vocat hoc mandatum primum, non quia sit simpliciter primum, sed in secunda tabula primum. Ait enim: *Filii, obedite vestris parentibus in Domino; hoc enim iustum est. Honora patrem tuum et matrem tuam, quod est mandatum primum in repromissione, ut bene sit tibi et sis longevus super terram.* Qualiter autem honorandi sunt parentes 30 apertius explicatur in Ecclesiastico, ubi dicitur: *Qui timet Deum honorat parentes, et quasi dominis serviet hiis qui se genuerunt. In opere et*

---

1 significat] significabat *TrD*; signabat *LiC*   octavus] septimus *TrD*   9
significacionem] confirmacionem *RViLnLcR₇*   10 servatum] reservatum *Aug.*   12
nullius] illius *TrLi*   24 primum] prima *Tr*   25 suo] Dei *Ln*; Deo *RR₇*   26
Epheseos] Galatas .v. *Ln*; 6 *add Li*; capitulo ultimo *add. RVIR₇*   31 explicatur]
exemplificatur *CRViLnLcR₇*

3 1 Cor. 15:53   7 Ps. 6:11   Gen. 17:12   9 Eccles. 11:2   12 Rom. 6:9   17
Cf. Grosseteste *Sermo* 31, fol. 346ᴮ; *Sermo* 83, fol. 58ᴮ⁻ᶜ; *Sermo* 86, fol. 347ᶜ   Exod.
20:12   27 Ephes. 6:1   31 Ecclus. 3:8-9

sermone et in omni paciencia. In hiis enim verbis satis aperte insinuatur quod honoracio parentum in tribus consistit: in serviendo eis ut divinis in opere, et in serviendo eis ut dominis in sermone, et in serviendo eis ut dominis in omni paciencia.

5   2.   Cum itaque vicem dominacionis optineat parens ad prolem, debet proles parentibus exhibere opera subieccionis, opera videlicet obsequii et servitutis. Similiter et modus omnis locucionis prolis ad parentes et omnis responsionis insinuare debet sui ad parentes obsequentem subieccionem. Non enim congruit ut sit prolis ad parentes
10 sermo imperiosus velut superioris ad inferiorem, nec ut sit sermo velut paris ad parem, sed habeat in se inferioritatis et voluntarie obedientis subieccionis insinuacionem. Debet itaque proles egentibus patri et matri secundum sui facultatem opera misericordie, utpote esurientes pascere, sicientes potare, nudos vestire, hospicio suscipere, egrotantes visitare,
15 mortuos humanitatis obsequio sepelire, ut ad unum dicatur omnem parentum miseriam debet proles secundum sui facultatem relevare omnemque indigenciam et defectum suplere. Et quia pater et mater omnibus aliis sunt proli proximiores, debet proles parentibus opera misericordie et indigenciarum supleciones cicius quam aliis, affectuosius
20 etiam et efficacius exhibere. Quod et beatus Augustinus insinuat, loquens ad quemdam cui mundi contemptum persuadere voluit, et ita inquiens: "Si quid sane pecunie res tua familiaris habet cuius te implicari negocio non oportet, nec decet. Revera tribuendum est matri et domesticis tuis horum quippe indigencia se pauperibus ut sis perfectus
25 instituisti distribuere talia cui primum apud te optinere locum debent. *Si quis enim suis et maxime domesticis*, ait apostolus, *non providet, fidem negavit et infideli deterior est.*"

     3.   Debet itaque, ut dictum est, proles maxime parentibus opera misericordie et supleciones indigenciarum si egeant; et sive egeant sive
30 non, debet eis opera subieccionis officiosi obsequii et devote ven- eracionis. Debet quoque et similium condicionum sermones; debet insuper pacienciam omnem ut sustineat proles pacienter quicquid ei facit, quicquid ei loquitur parens, dummodo quod facit vel quod loquitur non obviet fidei vel bonis moribus. Etiam prius amittat proles

---

3 in *om. RVi bis*   10 velut *om. Tr.*   12 patri et matri] parentibus *Tr*   13 esurientes pascere *om. Tr.*   15 unum] omne *add. CVi*; omnia *add. R*   dicatur] dicam *RLnLcR₇*   21 quemdam] loquendam *R*; quem *LcR₇*   24 tuis] suis *C*   27 negavit] negat *TrD*; negarat *L*; negant *CR*   33 vel] et *RLcR₇*   34 vel] et *RLcR₇*   34 amittat] amittet *TrDLi*

13-17 Cf. Matth. 25:31-46   22 Aug. *Epist.* 243, 12   25 Cf. 1 Tim. 5:8

que sua sunt parentis opere vel imperio quam parentem contristet aliqua
rebellione vel inobediencia. Unde Ieronimus: *"Honora patrem tuum*,
sed, si te a vero patre non separat. Tamdiu scito sanguinis copulam,
quamdiu ille noverit suum creatorem; alioquin David protinus tibi
canet, *Audi filia et vide et inclina aurem tuam et obliviscere populum* 5
tuum, et domum patris tui. Et concupiscet rex decorem tuum, quoniam
ipse est Dominus Deus tuus."

4.   Item, secundum eiusdem Ieronimi sentenciam, satius est
pecuniam perdere quam parentis animum contristari. Intelligitur
quoque non absurde in hac paciencia quam debet proles parenti 10
obediencia. De qua dicit apostolus, ut supra commemoravimus: *Filii,*
obedite parentibus vestris in Domino, hoc est quicquid parentes
imperant vobis, facite, dummodo ille actus non separat a Deo Patre.
Omne namque tale imperatum ad imperium parentis obedienter factum
ex amore illius qui dedit preceptum facientem magis unit corpori 15
Christi, quod est ecclesia, ut ipse cum ceteris fidelibus in Patre et Filio
uno Domino unum sint, nec parvum consequitur fructum si quis modo
predicto parentes honoret.

5.   Ex parentum namque honoracione sequitur longevitas, et forte
aliquando longevitas huius vite carnalis. Congruum enim videtur ut qui 20
honorat illos a quibus trahit hanc carnalem vitam, merito huius honoracionis et hanc carnalem vitam habeat magis prosperam et long-
eviorem. Sed qualitercumque se habeat de huius vite longevitate
carnalis, merces honoracionis parentum, a quibus trahitur hec vita
mortalis, est longevitas vite immortalis super illam terram a Domino Deo 25
dandam. De qua dicitur: *Credo videre bona Domini in terra viventium.*
Ad hec etiam accedit honorantibus patres in filiis iocundacio, secundum
quod scribitur in Ecclesiastico: *Qui honorat patrem iocundabitur in filiis*,
et: *Qui honorat patrem suum vivet longiore.* Congruencia namque
equitatis exigit ut cuius honoracione pater suus letificatur et iocundatur 30

1 parentis] parentes *RVi*   3 copulam] copulacionem *TrD*   13 imperant]
imperantur *RVi*   separat *Tr*; separant *HfC*   Patre] patrem *Tr*; fratre *R₇*   19
namque] honore vel *add. R*; honore *LcR₇*   sequitur] consequitur *R(Vi illeg.)Ln-*
LcR₇   longevitas] longevitatem *LnLcR₇*   19–20 et . . . longevitas *om. TrD*   20
carnalis] quia omnia opera caritatis precellit honor et tristicia (custodia *Li*) patris et
matris. Unde Augustinus: Si quis a Deo est necessarius patri et matri quod absque eo
custodiri nequeant, non licet ei peregrinari neque mechari neque aliud tale aggredi quod si
forte fecit (fecerit *Li*), morte eterna morietur *add. LiDoLnLcR₇*   enim] namque
RLnLcR₇   videtur] est *R₇*   25 est] et *CR(Vi illeg.)*   27 accedit] accedat
Tr   patres] et matres *add. CR*; *add. i.m. ViR₇*   29 patrem] matrem *R*

2 Hier. *Epist.* 54, 3   Exod. 20:12   11 Ephes. 6:1   26 Ps. 26:13   28 Ecclus.
3:6   29 Ecclus. 3:7

in filio ipsum honorante, ipse quoque a filiis suis consimilem recipiat
vicem et qualem se parenti exhibuit, talem erga se et suam prolem
senciat.

6. Quod si forte honorans patrem carnali prole careat (cum sermo
5   scripture non possit esse veritate vacuus), huius honoracionis merito
iocundabitur in multiplicacione filiorum spiritualium, hoc est bonorum
operum, vel in multiplicacione imitatorum sui in bonis et fructuosis
operibus. Meretur quoque patris honoracio Dei benedictionem que
manet in novissimo. Unde in Ecclesiastico subiungitur: *Honora patrem*
10 *tuum ut superveniat tibi benedictio a Deo, et benedictio illius in novissimo*
manet.

7. Insuper filiis honorantibus patres solent ipsi patres benedicere.
Et in Ecclesiastico subiungitur: *Benedictio patris firmat domos filiorum.*
Et congrue videtur talis merces adiuncta, ut videlicet merito hon-
15 oracionis ipsius a quo quis trahit esse, habeat mercedem in suo bene
esse per mansionem et firmitatem. Quod si hec merces aliquando non
provenit corporaliter, provenit multo melius spiritualiter, ut videlicet ex
benedictione patris firmetur domus cuius fundamentum est fides,
parietes spes, tectum caritas. De qua domo dicitur: *Sapiencia edificavit*
20 *sibi domum, excidit columpnas septem*, fulcimenta videlicet septem
principalium virtutum. Item, honoracio patris gloria est filii honorantis
et commemoracio ipsius ut liberetur in die tribulacionis et solucio
vinculi peccati constringentis. Unde et in Ecclesiastico subiungitur:
Gloria hominis in honore patris sui. Et paulo post: *In die tribulacionis*
25 *commemorabitur tui et sicut in sereno glacies solventur peccata tua.*

8. Habet itaque fructum parentum honoracio vite longevitatem,
in filiis iocunditatem, Dei manentem benedictionem, ex patris benedictione domorum filiorum firmitatem gloriam, a tribulacione
liberacionem, et a vinculis peccati solucionem. Debet quoque multum
30 monere et inflammare animos ad parentum honoracionem istud beati
Ieronimi verbum: "Mater et filia nomina sunt pietatis, officiorum
vocabula, vincula nature secundaque post Deum federacio." Ex hoc
namque verbo patet quod qui parentes non honorat impius est et

4 careat *om. RVi*   8 Meretur] Habet *R*   quoque] namque *RViLnLcR₇*   10 a
Deo] ab eo *Vulg.*   15 suo] filio *RViLnLcR₇*   23 constringentis] restringentis *L*;
astringentis *LcR₇*   subiungitur] adiungitur *TrD*   25 solventur] solvuntur *Tr*   26
vite *om. TrR*   27-28 benedictione] parentum inhonoracionem sequitur horum
opposita, ut patet *add. L*

9 Ecclus. 3:9-10   13 Ecclus. 3:11   19 Prov. 9:1   24 Ecclus. 3:13   Ecclus.
3:17   26-29 Cit. Joannis Wyclyf *De mandatis divinis* 22, pp. 306-309 et 311-12   31
Hier. *Epist.* 117, 2

inofficiosus nature corruptor et secundi post Deum federis ruptor. Et
quia suorum et maxime domesticorum curam non habet, fidem
abnegavit et est infideli deterior. Insuper quoque excitet ad parentum
honoracionem illa Tobie persuasio, quam de honoranda matre
proposuit filio suo, dicens: *Cum acceperit Deus animam meam, corpus*   5
meum sepeli; et honorem habebis matri tue omnibus diebus vite tue;
memor enim esse debes que et quanta pericula passa sit propter te in utero
suo. Quis enim habet cor tam lapideum ut ad recordacionem angu-
stiarum matris ipsum parientis non emollescat ad pietatem, non incale-
scat ad honoracionem.   10

9.   Adice huic quod beatus Ieronimus ait in quadam consimili
persuasione de honoranda matre, sic inquiens: "Illa te portavit in utero,
diu aluit, et difficiliores infancie mores blanda pietate sustinuit. Lavit
pannorum sordes et immundo sepe fedata est stercore. Assedit egrot-
anti et, que pro te sua fastidia sustinuit, tua quoque passa est. Ad hanc   15
perduxit etatem; ut Christum amares, docuit."

10.   In Ecclesiastico quoque consimilis proponitur persuasio, sic
enim ibidem scriptum est: *Honora patrem tuum, et gemitus matris tue ne*
obliviscaris. Memento quoniam nisi per illos natos non fuisses et retribue
illis quomodo et illi tibi. Congrue autem apponit in fine: *retribue illis*   20
quomodo et illi tibi, quia ingratitudo est vicium turpissimum et ex officio
gratitudinis tenemur benefactoribus nostris vicem rependere et quanta
ab illis accepimus, tanta vel maiora, si possimus, illis retribuere. Cum
itaque a nullo tantum quantum a parentibus accepimus cum nisi per illos
non fuissemus, nulli alii ad tantam beneficiorum retribucionem tam arte   25
astringimur quam nostris parentibus.

11.   Apud philosophos tamen questio est utrum possit proles
equale et correspondens beneficium parentibus rependere, cum hanc
vitam carnalem proles a parentibus trahat. Proles autem non videtur
parentibus suis posse vitam retribuere nec aliquid vite equipollens, cum   30
nulle divicie, nullus thesaurus, nulla secularis dignitas, vite comparetur.
Preciosior enim est vita magisque dilecta omni eo quod vita non est, et
vita humana omni vita irracionali. Quid igitur retribuet proles parenti
pro omnibus que parens tribuit illi?

---

6 tue²] eius *Vulg.*   11 Adice] Adhibe *Tr*; Adhibite *D*   13 infancie] in facie
TrD   14 immundo] quoque *add. Tr*   15 pro] propter *Hier.*   16 perduxit] produxit
TrR₇   17 proponitur] ponitur *TrD*; preponitur *CR*   19 natos *om. codd.*   20–21
Congrue . . . tibi *om. C*   23 si] non *C*; sibi *R₇*   28 et] vel *RVi*

---

5 Tob. 4:3–4   12 Hier. *Epist.* 117, 4   18 Ecclus. 7:29–30   27–34 Cit. Joannis
Wyclyf *De mandatis divinis* 23, p. 324

12.　Hanc autem questionem solvit Seneca, ostendens non solummodo filium posse retribuere patri equale beneficium sed etiam maius. Ait enim: "Qui id beneficium dedit, quo est aliquid melius, potest vinci. Pater dedit filio vitam, est autem vita aliquid melius; ita pater vinci
5　potest, quia dedit beneficium, quo est aliquid melius. Etiamnunc, qui dedit alicui vitam, si et semel et iterum liberatus est mortis periculo, maius accepit beneficium quam dedit. Pater autem vitam dedit; potest ergo, si sepius liberatus mortis periculo a filio fuerit, maius beneficium accipere quam dedit. Qui beneficium accipit, maius accipit, quo magis
10　indiget. Magis autem indiget vita qui vivit quam qui natus non est, ut qui ne indigere quidem omnino possit; maius ergo beneficium accipit pater, si vitam a filio accipit, quam filius a patre, quod natus est."

13.　Huic sentencie Senece accedit quod filius potest non solummodo liberare patrem fame vel morbo vel bello vel aliter periclinantem
15　a mortis transitorie periculo, et sic vite transitorie restituere, sed etiam periclinantem morbo anime, mortali videlicet crimine, potest verbi salutaris medicamine et pro illo pia fusa oracione a morte perpetua gehenne eripere et vite perpetue reparare. Ad hoc itaque decet prolem totis viribus aspirare ut possit, scilicet parentes non solum equiparare
20　beneficiis sed etiam vincere, ut congruat ei verbum laudabile quod ponit Seneca in fine solucionis predicte, sic inquiens: "Nulla vi verborum, nulla ingenii facultate exprimi potest, quantum opus sit, quam laudabile quamque numquam a memoria hominum exiturum, posse hoc dicere: 'Parentibus meis parvi, cessi imperio eorum, obsequentem submissum-
25　que me prebui; ad hoc unum contumax fui, ne beneficiis vincere.'" Et paulo post: "Quid eo adolescente preclarius, qui sibi ipsi dicere poterit (neque enim est fas alteri dicere): 'Patrem meum beneficiis vici?' Quid eo fortunacius sene, qui omnibus ubique predicabit a filio suo se beneficiis victum? Quid autem est felicius quam ibi cedere?"

30　14.　Habemus quoque ad parentum honoracionem exemplorum ducatum previum. Ipse namque Dei Filius honorandos a filiis parentes exemplo suo monstravit quando in cruce pendens matrem virginem discipulo virgini commendavit, dicens: *Mulier ecce filius tuus. Deinde discipulo dicens: ecce mater tua.* Super quem locum dicit Augustinus:

---

4 melius] maius *TrDoR*　　7 accepit] accipit *TrDLiCRLnLcR₇*　　9 maius] magis *Tr*　　11 quidem *om. TrLiLnLcR₇*　　omnino] non *add. Tr*　　14 vel¹] et *RVi*　　17 salutaris] salvatoris *LnR₇*　　25 hoc unum] hec nimium *Tr*　　28 sene] serie *Tr*　　ubique *om. Tr*

3 Senecae *De beneficiis* 3, 35, 1–3　　21 Senecae *De beneficiis* 3, 38, 2　　26 Senecae *De beneficiis* 3, 38, 3　　33 Ioan. 19:26–27

"Moralis itaque insinuatur locus. Facit quod faciendum admonet, et exemplo suo instruxit bonus preceptor, ut a filiis piis impendatur cura parentibus; tanquam lignum illud ubi erant membra fixa morientis, etiam cathedra foret magistri docentis. Et hac doctrina sana didicerat apostolus Paulus quod docebat quando dicebat: *Si quis autem suis, et* 5
maxime domesticis non providet, fidem negat, et est infideli deterior. Quid autem tam cuique domesticum quam parentes filiis, aut filii parentibus? Huius itaque saluberrimi precepti ipse magister sanctorum de seipso constituit exemplum, quando non ut famule Dei quam creaverat et regebat, sed ut matri homo de qua creatus fuerat et quam 10
relinquebat, alterum quodammodo pro se filium providebat."

15.   Salomon quoque huius rei nobis prestitit exemplum quando surrexit in occursum matris eamque adoravit et ad dexteram ipsius in trono sedere fecit, quemadmodum in libro Regum scriptum est: *Venit*
ergo Bersabee ad regem Salomonem, ut loqueretur ei pro Adonia; et 15
surrexit rex in occursum eius, adoravitque eam, et sedit super tronum
suum; positusque est tronus matri eius, que sedit ad dexteram eius.

16.   Habemus quoque exemplum pietatis prolis in parentes etiam ab ipsis irracionabilibus. Nam de ciconia sic scribit in libro *Exameron* beatus Ambrosius: "Quam vero racionabilium non excedat pietatem ac 20
prudenciam avis huius clemencia considerandum, quam nec post exemplum quidem irracionabilium quisquam nostram imitari poterit. Nam depositi patris artus per longevum senectutis plumarum regimine alarumque remigio nudatos circumstans soboles pennis propriis fovet. Et quid dicam, collato cibo pascit, quando etiam ipsa nature reparat 25
dispendia, ut hinc atque inde sublevantes senem fulcro alarum ad volandum exerceant, et in pristinos usus desueta iam reducant pii patris membra? Quis nostrum relevare egrum non fastidiat patrem? Quis fessum senem humeris suis imponat, quod in ipsa historia vix credibile habetur? Quis ut pius sit, non hoc servulis mandet obsequium? At vero 30
avibus non est grave, quod pietatis plenum est; non est onerosum, quod solvitur nature debito. Non recusant aves patrem pascere, quod etiam prescripta necessitate sub terrore penarum plerique hominum

2 suo] nos *add. D*; suos *add. Li Aug.*   cura] honor *TrL*   3 membra] umbra
Vi   6 negat] negavit *Aug., Vulg.*   9 Dei] Deus *Aug.*   13 ipsius] eius *LiRViLn-*
LcR₇   14 in] secundo *add. L*   in libro Regum] ibidem *RVi*; ita *R₇*   16 eius] regis
Vulg.   25 collato] collatitio *Ambr.*   27 reducant] revocent *Ambr.*   30 servulis]
servis *R*; servile *LnLcR₇*

1 Aug. *Tract. in Ioan.* 119, 2   5 1 Tim. 5:8   14 3 Reg. 2:19   20 Ambr. *Hex.* 5,
16, 55

recusarunt. Aves non scripta, sed nata lex stringit. Aves ad hoc munus
nullo precepto conveniunt, sed gratie naturalis officio. Aves non
erubescunt reverendi senis membra portare. Est enim vectura pietatis,
quod eo usque frequenti testificacione percrebuit, ut congrue remuner-
5 acionis mercedem invenerit. Nam Romanorum usu pia avis vocatur. Et
quod vix uni imperatori senatus consulto delatum dicitur, hoc iste aves
in commune meruerunt. Habent ergo iste aves decreta patrum ad
proprie insigne clemencie. Pios enim filios patrum oportuit iudicio
preiudicari. Habent enim universorum suffragia, nam retribucio ben-
10 eficiorum 'pelargosis' nominatur. Pelargos enim ciconia dicitur. Virtus
itaque ab hiis nomen accepit, cum relacio graciarum ciconie vocabulo
nuncupatur." Sicut autem ea que iam dicta sunt cum aliis plurimis que
dici possent avium ad pietatem possunt allicere, sic et pene non
honorantibus parentes debite possunt a transgressione pietatis deterere.
15   17.   In veteri autem lege pena inonoracionis patris et matris fuit
mors temporalis. Unde in Levitico scriptum est: *Qui maledixerit patri
suo aut matri, morte moriatur. Qui patri matrique maledixerit, sanguis
eius sit super eum.* Et in Deuteronomio scriptum est: *Si genuerit homo
filium contumacem aut protervum, qui non audiat patris aut matris
20 imperium, et cohercitus obedire contemperit, apprehendent eum et
adducent ad seniores civitatis illius, et ad portas iudicii, dicentque ad eos:
Filius noster iste protervus et contumax est, monita nostra audire
contempnit, commesacionibus vacat, et luxurie atque conviviis; lapidibus
eum obruet populus civitatis; et morietur, ut auferatis malum de medio
25 vestri et universus Israel audiens pertimescat.* In Exodo quoque scriptum
est: *Qui percussit patrem suum aut matrem suam morte moriatur. Qui
maledixerit patri suo aut matri, morte moriatur.*
          18.   Hec autem pena a lege statuta que nunc tempore gracie non
observatur ad litteram habet spiritualis veritatis observanciam, quia
30 inhonorans parentes dicto vel facto aut moritur morte eterna aut
lapidatus, id est correptus et castigatus duris reprehensionibus et
obiurgacionibus, velut quibusdam contunsus lapidibus moritur mundo
per penitenciam condignam et peccato et carnis voluptatibus quibus
male vivebat prius. Et considerandum quod dicitur: *lapidibus eum*

---

1 recusarunt] recusarent *LiRVi*   scripta, sed] scriptasset *Tr*   2 nullo precepto]
nulla precepta *Ambr.*   4–5 remuneracionis mercedem] remuneracionem mercedis
LiDoRViLnLcR₇   8 oportuit] prius *add. DLDoLnLcR₇*   12 plurimis] populis
RVi   14 debite *om. TrD*   29 quia] Qui *CRViLnLcR₇*   30 inhonorans] inhonorat
CRViLnLcR₇

16 Levit. 20:9   18 Deut. 21:18–21   26 Exod. 21:15, 17   34 Deut. 21:21

obruet populus civitatis ut auferatis malum de medio vestri, quia proculdubio ad cives inter quos inveniuntur tales transgressores pertinet duris
reprehensionibus et obiurgacionibus talium audaciam reprimere et
opprimere, et sic malum culpe taliter transgredientis et malum consensus a semetipsis auferre ut tandem etiam auferatur et homo malus de   5
medio civium desinens vivere malicie.

19.   Malum namque hominem auferre monet hic legis lator, sicut
et apostolus ad Corinthios, cum dicit de fornicatore: *Auferete malum ex
vobismet ipsis.* Alioquin et ipsi cives transgressioni consentiunt, quia,
sicut dicit Augustinus, bene agere et illicita non prohibere consensus est   10
erroris. Et secundum apostolum ad Romanos, digni sunt morte eterna,
non solum qui talia faciunt sed etiam qui consenciunt facientibus.
Preterea, sicut qui honorat patrem iuste iocundatur in filiis, sic qui
inhonorat patrem iuste non habebit iocunditatem in filiis. Similiter, sicut
qui honorat patrem vita vivet longiore, sic iusto iudicio qui inhonorat   15
patrem vita vivet breviore.

20.   Ad hoc qui inhonorat parentes consuevit eorum incurrere
malediccionem. De matris autem malediccione in Ecclesiastico scriptum
est: *Benedictio patris firmat domos filiorum; malediccio autem matris
eradicat fundamentum.* Et paulo post: *Quam male fame est qui reliquit*   20
patrem, et est maledictus a Deo qui exasperat matrem.

21.   Insuper non recordans patrem per debitam honoracionem
meretur oblivisci a Deo, infatuari, improperium pati, vite tedio affici, ut
maledicat diei in quo natus est. Unde in Ecclesiastico scriptum est:
Memento patris et matris tue, in medio enim magnatorum consistes; ne   25
forte obliviscatur te Deus in conspectu illorum, et assiduitate tua
infatuatus, improperium paciaris et maluisses non nasci, et diem
nativitatis tue maledicas. Que namque lex equior quam ut eum qui
obliviscitur hominem patrem, Deus pater obliviscatur quem oblitum a
summa sola et vera sapiencia infatuari necesse est; vel que lex iustior   30
quam obliviscentem patris et matris honorem pati dedecus improprii et
non recordantem illum a quo per nativitatem traxit hanc vitam affici
huius vite tedio ut diei nativitatis sue maledicat. Detereant igitur hee
pene ab impietate inhonoracionis parentum videlicet in filiis non
iocundari, vitam abbreviari per matris malediccionem, domorum fili-   35
orum fundamenta eradicari, mala fama notari, a Deo maledici, et ab

---

14 non *om. L*   in filiis *om. RViR₇*   17 Ad hoc] Ad hec *TrR₇*; Adhuc *LiLn*   23
improperium] in perpetuum *Tr*; *corr. ex* imperium *D*; impium *R₇*

---

8 1 Cor. 5:13   10 Cf. Aug. *De trin.* 2, 1   12 Rom. 1:32   19 Ecclus. 3:11   20
Ecclus. 23:18–19   25 Ecclus. 23:18–19

ipso in oblivionem tradi, infatuari improperium pati, vite tedio affici, usque ad mortem lapidibus obrui, que pene aut ad litteram impiis in parentes proveniunt, aut secundum intellectum misticum in hac vita vel in futura in illis consummabuntur.

5   22.   Sunt autem quidam qui aut erubescunt aut moleste et graviter ferunt, aut etiam despiciunt parentum paupertatem et eorundem senectutem et senectutis incommoda utpote sensuum defeccionem, virium inbecillitatem, rugose contraccionis in cute deformitatem, dorsi incurvitatem, membrorum tremorem, gressuum titubacionem, linguam
10   iterum pueriliter balbucientem, preterita laudantem, presencia despicientem, facile conquerentem et fere sine causa irascentem et huiusmodi plurima.

23.   Contra huiusmodi scribitur in Ecclesiastico: *Fili, suscipe senectam patris tui, et ne contristes eum in vita illius si defecerit sensu,*
15   *veniam da, et non spernas eum in tua virtute.* Cogitandum namque crebro talibus quod forte ipsi tales sunt futuri, quales nunc parentes suos conspiciunt, et sic eis faciendum qualiter a suis filiis sibi volunt fieri, cum ad consimilem pervenerint etatem et eius etatis pertulerint similes vel maiores incommoditates. Senectus namque parentum cum senectutis
20   incommodis debet esse filiis speculum in quo perspiciant quid eis si diu vivant forte est adventurum, et forte non confidant vel superbiant de iuventutis virtute cuius in predicto speculo possunt videre velocissimum transitum. In quo etiam possunt conspicere dilucide quod in libro beati Iob scriptum est, videlicet quod *homo, natus de muliere, brevi vivens*
25   *tempore, repletur multis miseriis, qui, quasi flos egreditur et conteritur, et fugit velut umbra, et numquam in eodem statu permanet.* Sit igitur parentum senectus cum suis incommodis ipsi proli speculum humilitatis exercitacio pietatis non excitacio impie despeccionis. Si domus parentum tibi videtur angusta, recordare quod cuidam tali filie non
30   ferenti cohabitacionem cum sua matre dicit beatus Ieronimus: "Tu inquam, filia, domum eius angustam iudicas, cuius tibi venter non fuit angustus? Decem mensibus utero clauso vixisti, et uno die cum matre in uno cubiculo non duras?"

24.   Hec et huiusmodi moveant prolem ad parentum hon-

---

5 et graviter *om. Tr*   10 pueriliter *om. Tr*   15 Cogitandum] Considerandum *C*; vel considerandum *add. RVi*   18 pervenerint] venerint *Tr*   20 perspiciant] prospiciunt *DCR(Vi illeg.)LnLcR₇*   29 parentum] parentis *CRViLnLcR₇*   30 cohabitacionem] cohabitacione *LcR₇*; vel coirritacionem *add. R*   32 clauso] clausa *Hier.*

---

13 Ecclus. 3:14–15   24 Iob 14:1–2   30 Hier. *Epist.* 117, 3

oracionem nec solum ad honoracionem adhuc in ista vita mortali
vivencium, sed etiam ad honoracionem iam defunctorum. Si enim ad
parentum honoracionem pertinet eos a miseriis relevare, cum pene
purgatorie, licet sint purgando salubres, sunt tamen affligendo non
mediocriter penales. Ac per hoc qui eas paciuntur adhuc miserabiles,   5
proles defunctorum parentum penas purgatorias per elemosinarum
largicionem et oracionum devocionem et ecclesie suffragia minuens vel
finiens, eosdem salubriter convincitur honorare. Et hec honoracio post
mortem in hoc est securior, quod honoratum iam non extollit vana
gloria; tantoque est hec honoracio prestanda cicius et uberius et   10
affectuosius, quanto illud penale a quo liberat est acerbius et ad
sustinendum molestius et gravius et quanto illud gaudium ad quod finitis
penis pervenitur est bonum diuturnius et iocundius.

    25.   Parentes autem ut non careant honore a prole sibi debito
neque privetur proles honoracionis merito et premio, summopere   15
satagant prolem a principio educare honeste, bonis moribus informare,
bonis artibus instruere, sitque eis regula in prolis informacione quod in
Tobia de Tobia scriptum est: *Cum vero factus fuisset vir, accepit Annam*
uxorem de tribu sua, genuitque ex ea filium, nomen suum imponens ei,
quem ab infancia timere Deum docuit, et abstinere ab omni peccato. Hec   20
est itaque prima regula quam sequi oportet parentes in instruenda prole
ut primo doceant prolem timere Deum, quia *timor Domini inicium*
sapiencie; et abstinere a peccato, quia prius est declinare a malo; et tunc
sequitur facere bonum. Et, sicut dicit poeta: "Virtus est vicium fugere,
et sapientia prima stulticia caruisse."   25

    26.   Hec autem doctrina primo fiat per disciplinam verborum
quam solam, si sequatur proles, rarum et laudabile inicium est. Si vero
non sufficiat sola disciplina verborum, adiciatur continuo et disciplina
verberum, sicut monet Salomon, dicens: *Qui parcit virge, odit filium*
suum; qui autem diligit illum instanter erudit. Et in Ecclesiastico   30
scriptum est: *Qui diligit filium suum assiduat illi flagella, ut letetur in*
novissimo suo, et non palpet proximorum hostia. Assit itaque de non
transgrediendo doctrina frequens et commonicio et severa flagelli
comminacio, ne presumatur transgressio; et quociens verbo vel facto vel

---

1 vita mortali *om. C*   3 miseriis] liberare vel *add. RViR₇*   13 penis] gaudiis
Tr   15 privetur] privatur *Tr*   17 eis] eius *RVi*; *om. L*   29 verberum] verberii *Tr*;
verborum *LiDoR₇*

---

18 Tob. 1:9   22 Prov. 1:7   24 Horatii *Epist.* 1, 1, 41   29 Prov. 13:24   31
Ecclus. 30:1

male voluntatis de prompto signo transgressum fuerit, non parcatur
virge corripientis flagello. Alioquin, parcens carni filii in animam eius
quam permittit ire per viciorum precipicia, Dei provocat iracundiam et
sibi ipsi adquirit dampnacionem. Unde Augustinus super Psalmum
5   quinquagesimum ait: "Amat Deus disciplinam. Perversa et falsa
innocencia est venas laxare peccatis, Valde inutiliter, valde perniciose
sentit filius patris lenitatem, ut postea senciat Dei severitatem; et hoc
non solus, sed cum dissoluto patre suo. Quid enim? Si ipse non peccat,
et non facit et filius eius, ideo non debet a nequicia filium prohibere? An
10 forte ut videatur filio eius quia pater talia faceret, nisi senuisset.
Peccatum quod tibi non displicet in filio tuo delectat; sed etas deseruit,
non cupiditas." Est itaque, ut dictum est, adhibenda filiis tam disciplina
verberum quam verborum, et, ne hec disciplina negligatur, in scriptura
frequenter precipitur. In Deuteronomio namque scriptum est: *Cunctis*
15 *diebus vite tue docebis ea filios ac nepotes tuos*, verba videlicet Domini.
Et item in eodem libro: *Eruntque verba hec que ego precipio tibi hodie in*
corde tuo et narrabis ea filiis tuis. Et in Ecclesiastico scriptum est: "*Filii*
tibi sunt? Erudi illos et incurva illos a puericia eorum. Et apostolus ad
Ephesios ait: *Et vos patres nolite ad iracundiam provocare filios vestros;*
20 *sed educate illos in disciplina et correpcione Domini.* Et ad Hebreos:
Quis enim filius, quem non corripit pater?
    27.   Est autem paterna disciplina a teneris annis puericie
inchoanda quia, sicut cera mollis facilius et formacius recipit impres-
siones quam eadem dura, sic etas novella et tenera facilius recipit
25 doctrine moralis informacionem quam cum fuerit temporis progressu
indurata. Virga novella qualem vult torquentis manus de facili recipit
inflexionem sed cum creverit in magnum robur facilius plerumque
frangitur quam flectatur. Equi et etiam fere bestie dum est etas novella
et tenera, domancium recipiunt disciplinam. Si vero indisciplinata et
30 indomita senuerint in edomando frustra laboratur. Ideo non inmerito
ille sanctus Tobias, ut dictum est: *docuit filium suum ab infancia timere*
Deum. Et Sapiens in Ecclesiastico commonet: *Filii tibi sunt? Erudi illos*
et incurva illos a puericia illorum, ne quod non incurvasti cum potuisti,
merito non possis incurvare cum vellis, sed rebelles sencias quod
35 perniciosa lenitate rigori discipline noluisti subicere.

---

3 quam *om. Tr*   6 venas] habenas *Aug.*   11 non *om. Tr*   15 verba] verbi
Tr   19 ait] scribit *CRViLnLcR₇*   21 enim] est *add. RLnLcR₇*   30 indomita]
indomata *LC*   34 quod] scilicet *add. RViLnLcR₇*   35 rigori] rigore *RViLnLcR₇*

5 Aug. *Enarr. in Psalmos* 50, 24   14 Deut. 4:9   16 Deut. 6:6–7   17 Ecclus.
7:25   19 Ephes. 6:4   21 Hebr. 12:7   31 Tob. 1:9–10   32 Ecclus. 7:25

28.   Magna est patris inclemencia vera, cum falsa clemencia filium delinquentem non corripit, minoremque pietatis affectum videtur habere erga filium quam erga iumentum suum; quia si viderit iumentum suum in puteum lapsum, statim accurrit, coadiutores advocat, clamoribus instat, stimulis pungit, flagellis percuttit, finibus iniectis trahit, 5 nec ab incepto cessat donec iumentum suum a puteo extraxerit. Filium autem suum videt lapsum in puteum perniciosissimum profunditatis viciorum, et extrahere nullis adminiculis nititur, sed magis plerumque applaudit, et favore consensus et levitate asperima, inclementissimaque clemencia et misericordia immisericordissima eiusdem mittit et corpus 10 et animam in puteum gehenne. Qui urgebit super eum os suum ut inde revertendi numquam sit potestas? Quis autem est pater qui modis et medicinis quibus potest, non occurrit morbo filii sui corporaliter egrotantis, etsi necesse est reclamante renuenteque filio adhibet pociones amarissimas, emplastra mordacissima ferrum et ignes ad incidendum et 15 urendum, ut restituatur filius suus sanitati fragili cito desiture et vite penali cito moriture? Et hec que videtur patris inclemencia non inmerito vera iudicatur clemencia. Quam igitur vere exuit paterne clemencie viscera, qui morbis anime filii modis quibus potest non occurrit, docendo videlicet, commonendo, obsecrando, corripiendo, obiurgando, 20 in custodiam, si necesse sit, tradendo, flagellis etiam cedendo, ut sic eum eripiat a morte gehenne perpetua et restituat sanitati impassibili et vite immortali.

29.   De sedula autem et officiosa prolis educatione que officiosa non est, si indisciplinata est, habemus exemplum etiam ab ipsis irracion- 25 alibus. Que enim est tam fera tam immanis bestia, que omnem non exuit feritatem et immanitatem erga prolem? Mitissimeque et sollicite et sedulo fovet, nutrit, et pascit, et ad etatem provehit que secundum speciei sue modum ydonea est sibi providere et nutritis sedulitate carere; aut si aliquod est animal quod huiusmodi erga prolem non facit, 30 fedus iuris naturalis rupit quod natura omnia animalia docuit; vel quod est animal tam mite et mansuetum tamque domesticum quod in defensione prolis sue non assumit feritatem et audaciam et contra impetentes prolem se obicit clipeum, etsi suppetant vires, etiam impetit

1 inclemencia] clemencia *Tr*   2 minoremque] minorem *Tr*   4 advocat] invocat *CRViLnLcR₇*   7 perniciosissimum] perniciosum *RViLnLcR₇*   10 eiusdem] eiusdemque *CRVi*   11 urgebit] urgebat *RLnLcR₇*   18 vere] non *L*   25 si *om. C*; sed *RViLnLcR₇*   25 ab] ex *RViLcR₇*   28 que] donec *C*; quod *LnLcR₇*   31 naturalis] non *add. TrD*   rupit] rumpit *DoCRViLnLcR₇*   33 defensione] defensionem *DL*   34 suppetant] suppetunt *LCR₇*   impetit] impetitur *RVi*

impetentes. Hoc exemplo debent affici viscera paterna ut cum omni qua
potest pater mansuetudine et levitate prolem educet et foveat huius vite
necessariis et multo amplius suavitate promissionis bonorum celestium,
nutriatque et pascat pastu sapiencie et instruccionis moralis, et perducat
5 ad perfeccionem que secundum modum humane fragilitatis sibi sciat et
possit in vere salutis necessariis providere, et cum omni quo potest
rigore discipline viciis adversantibus vere saluti prolis obsistat, seque
obiciat adversantibus impenetrabile scutum et se prebeat adversancium
infatigabilem expugnatorem.

10   30. Persuadet autem beatus Ambrosius ut parentes prolem suam
diligenter nutriant per avium exempla, ubi postquam de avibus dedit
exemplum pietatis prolis in parentes, hec verba subnectit: "Habemus
aviarie sobolis erga cultus patrios pietatis exempla, accipiamus nunc
materne sedulitatis in filios grande documentum. Irundo minuscula
15 corpore, sed egregie pia sublimis affectu indiga rerum omnium
preciosiores auro nidos instruit; quia sapienter nidificant. Nidus sapiencie preciosior est auro. Quid enim sapiencius quam ut et volandi vaga
libertate pociatur, et hominum domiciliis parvulos suos et tectis
commendet, et ubi sobolem nullus incurset? Nam illud est pulcrum, ut a
20 primo ortu pullos suos humane usui conversacionis assuescat, et prestet
ab inimicarum avium insidiis tuciores. Tum illud preclarum, quod
quadratum domum sibi sine ullo adiutore tanquam perita artis
componit. Legit enim festucas ore, easque illinit luto, ut conglutinare
possit. Sed quia lutum deferre pedibus non potest, summitates pen-
25 narum aqua infundit ut facile hiis pulvis adhereat, et fiat limus quo
paulatim festucas aut minutos circulos sibi faciat, atque colligat
adherere; eo genere tocius nidi fabricam struit; ut quasi pavimenti solo
pulli eius intra edes suas sine offensione versentur, ne pedem aliquis
interserat per rimulas texturarum aut teneris fetibus frigus irrepat. Sed
30 hoc industrie officium prope est commune multis avibus. Illud vero
singulare, in quo est preclara cura pietatis, et prudens intellectus et
cognicionis insigne, cum quadam medicine artis pericia; quod si qua
fuerint pulli eius cecitate suffusi oculos sive compuncti, habet quoddam

---

9 expugnatorem] propugnatorem *TrD*   12 verba subnectit *om. L*   13 patrios]
paternos *CRViLnLcR₇; corr. in* patrios *D*   13 accipiamus] capiamus *Tr*   17 preciosior]
potior *Ambr.*   20 usui] husui *Hf*; visui *L*; *om. TrDLLiLnLcR₇*; usu *Ambr.*   21–22
quod quadratum] qua gratia *Ambr.*   24 possit] potest *TrD*   26 circulos] surculos
Ambr.   26 colligat] cogat *RViLnLcR₇*   28 aliquis] aliquid *TrD*   32 cum] tum
Ambr.   medicine] medici *RVi*   33 suffusi] suffulsi *DLR₇*; suffosi *Ambr.*

12 Ambr. *Hex.* 5, 17, 56 – 5, 18, 58

medendi genus, quo possit eorum lumina intercepto usui reformare.
Nemo igitur de inopia queratur quod vacuas pecunie proprias edes
reliquerit. Pauperior est irundo que vacua eris habundat industria.
Edificat, nec impedit; tecta attolit, et nichil aufert proximo; nec
indigencie paupertate ad nocendum alii compellitur; nec in gravi   5
filiorum imbecillitate desperat. Nos vero et paupertas afficit, et inopie
necessitas vexat, et plerosque indigencia cogit in flagicium, impellit in
crimen. Lucri quoque studio in fraude versamur ingenium, aptamus
affectui, atque in gravissimis passionibus spem deponimus, fractique
animo resolvimur, improvidi et inertes iacemus; cum de divina   10
miseracione tunc sperandum amplius sit, cum presidia humana
defecerint. Discant homines amare filios ex usu et pietate cornicum, que
etiam volantes filios comitatu sedulo prosecuntur; et sollicite ne
temeritate deficiant, cibum suggerunt, ac plurimo temporis spacio
nutriendi officia non relinquunt."   15

31.   De aquila quoque et fulica ad idem persuadendum tale scribit
beatus Ambrosius nature miraculum. "Aquila quoque plurimorum
sermone ursurpatur quod suos abdicit et fetus, sed non utrumque,
verum unum ex pullis duobus. Quod aliqui fieri putaverunt geminan-
dorum alimentorum fastidio. Sed id non arbitror facile credendum,   20
presertim cum Moyses tantum testimonium pietatis in pullos suos huic
dederit avi, ut diceret: *Sicut aquila protegit nidum suum et super pullos
suos confidit, expandit alas suas; et assumpsit eos, et suscepit super
scapulas suas. Dominus solus deducebat eos.* Quomodo ergo alas
expandit, si alterum occidit? Unde puto non avaricia nutriendi eum fieri   25
inclementem, sed examine iudicandi. Semper enim fertur probare quos
genuit; ne generis sui inter omnes aves quoddam regale fastidium
degeneris partus deformitas decoloret. Itaque asseritur quod pullos suos
radiis solis obiciat, atque in aeris medio pio parvulos ungue suspendat;
ac siquis repercusso solis lumine, intrepidam oculorum aciem inoffenso   30
intuendi vigore servaverit, is probatur, quod veritatem nature sinceri
obtuitus constancia demonstraverit: qui vero lumina sua prestrictus
radio solis inflexerit, quasi degener et tanto indignus parente reicitur;

3 reliquerit] reliquerat *LDoCRViLnLcR₇*   8 versamur] versantur *L*; versamus
Ambr.   9 affectui] affectum *CRVi*   fractique] fractoque *Tr*   14 temeritate]
temeritudine *L*; tenere forte *Ambr.*   17 nature] naturale *RLnLcR₇*   20 id] illud
RLnR₇   25 fieri] in *TrD*   26 inclementem] mentem *add. TrD*   27 fastidium]
fastigium *DLiLCR(Vi illeg.)*   28 degeneris *om. TrD*   decoloret] decoloraret
CRVi   32 obtuitus *corr. ex* obtutus *Vi*; oblitus *R₇*; obtutus *Ambr.*

17 Ambr. *Hex.* 5, 18, 60–61   22 Deut. 32:11–12

nec estimatur educacione dignus, qui fuit suscepcione indignus. Non
ergo cum acerbitate nature, sed iudicii integritate condempnat; nec
quasi suum abdicat, sed quasi alienum recusat. Hanc tamen, que
quibusdam videtur, regalis avis inclemenciam plebeie avis excusat
5 clemencia. Avis enim cui fulica nomen est, que Grece dicitur *fene*,
susceptum illum, sive abdicatum sive non agnitum aquile pullum cum
sua prole connectit; atque intermiscens suis, eodem quo proprios fetus
materne sedulitatis officio et nutrimentorum subministracione pascit ac
nutrit. Ergo fene alienos nutrit: nos vero nostros immiti crudelitate
10 proicimus. Aquila enim se proicit, non quasi suum proicit, sed quasi
degenerem non recognoscit: nos quoque, quod peius est, quos nostros
recognoscimus, abdicamus."

32. Adhuc ad eandem persuasionem amplificandam, sic de
piscibus scribit idem Ambrosius: "Alii ova generant, alii vivos fetus
15 edunt de suo corpore, ut mustele et canicule et cete ingencia, delphines
et foce, aliaque huiusmodi. Que cum ediderint partus, si quid forte
insidiarum terrorisque presenserint circa catulos suos quemquam mol-
liri, quo tueantur eos, vel tenere etatis pavorem materno affectu
comprimant, aperire ora, et innoxio partus suos dente suspendere,
20 interno quoque recipere corpore et genitali feruntur alvo abscondere.
Quis humanus affectus hanc piscium pietatem possit imitari? Oscula
nobis societatis sunt: illis non satis est aperire viscere, natosque recipere
ac revocare integros, atque iterum fotu quodam eos sui caloris animare,
et spiritu suo adolere, duosque in corpore uno vivere; donec aut
25 securitatem deferant, aut corporis suo obiectu natos suos defendant a
periculis. Quis hec videns, etsi possit optinere, non tante piscium pietati
cedat? Quis non miretur et stupeat, quod servet natura in piscibus, quod
non servat in hominibus?"

33. Cum igitur irracionalia, sicut liquet ex beati Ambrosii
30 prepositis exemplis et sicut apparet usu cotidiane, tam diligenter prolem
nutriant ut perveniant ad perfectum secundum genus suum, quanta
diligencia debent homines racione prediti prolem educare ut perveniat

1 qui] quia *RViLnLcR₇*   4 videtur] videatur *Tr*   8 et *om. Do*; per *add. TrDL*; pari
add. Ambr. subministracione] subministracionem *TrDL*   11 quoque] vero *RViLn-
LcR₇*   16 partus] fetus *CRVi*   17 presenserint] presumpserint *TrDLLnR₇*   20
quoque] quo *TrD*   22 nobis] signa *add. Tr*   societatis] satietati *Ambr.*   23 fotu]
fetu *LiLRViLnLcR₇*   24 suo] sancto *Ln*; eos *add. RLcR₇*   26 tante] tanti *RR₇*   27
cedat] cedatur *RVi*   27 servet] servat *LRViLnLcR₇*   in] natura *RVi*   29 irracion-
alia] irracionabilia *LDoCR₇*   30 prepositis] propositis *DLDo*   31 genus] ius *Tr*

14 Ambr. *Hex.* 5, 3, 7

ad perfectum secundum genus racionabilium; quod perfectum dum sumus in via, sicut dicit beatus Augustinus: "Agitur voluntate, credendo, sperando, diligendo, corpus castigando, elemosinas faciendo, iniurias ignoscendo, instanter orando et proficiendi vires precando veraciter dicendo: *dimitte nobis, sicut et nos dimittimus*, et: *ne inferas* 5 *nos in temptacionem sed libera nos a malo*, hoc prorsus agitur ut cor mundetur et peccatum omne tollatur et quod iustus iudex, cum in trono sederit, occultum invenerit minusque mundatum, misericordia eius remittatur, ut Deo vivendo totum sanum mundumque reddatur." Et quia difficile est prolem non imitari quod videt usu cotidiano in 10 parentibus, ut proles honeste nutriatur, oportet quod parens honeste conversetur. Parentis namque vita et cotidiana conversacio quasi liber est proli et cotidiana lectio. Nichil igitur inordinatum in hoc libro legat filius. Quod si parens ab inordinato non abstinet, saltem illud ab oculis filii abscondat, ne quem genuit ad vitam temporalem, secum trahat ad 15 mortem eternam. Quis non reputaret patrem illum impiissimum qui traderet filio suo librum cotidiano usu legendum, in quo esset malorum morum urgens persuasio? Et quomodo non magis est impius pater qui suam propriam conversacionem tradit filio legendam impios mores urgencius persuadentem, quia segnius irritant animum demissa per 20 aurem quam que sunt oculis subiecta fidelibus? Minus enim monent audita verba vel lecta quam opera visa.

34. Recordentur itaque parentes quod dicit beatus Ieronimus: "Hely sacerdos offendit ob vicia liberorum et episcopus fieri non potest qui filios habet luxuriosos." Insuper, sicut idem Ieronimus dicit, peccata 25 filiorum non imputantur patribus eorum, videlicet filiorum, "qui possunt sapere, de quibus in ewangelio scriptum est: *Etatem habet, pro se loquatur*. Qui autem parvulus est et sapit ut parvulus, donec ad annos sapiencie veniat et pictagoree littere eum producant ad bivium tam mala quam bona parentibus imputantur." 30

35. Preterea, ad hoc est matrimonium ut proles generentur ad Dei servicium. Parentes ergo debent prolem Dei servicio mancipare et de prole sua Deo oblacionem facere. Cum igitur, sicut dicit Ieronimus:

---

1 genus] ius *Tr*   4 iniurias] iniuriis *LRViLnLcR₇*   precando] prestando *RViLn-LcR₇*   5 veraciter] velociter *RViLnLcR₇*   8 invenerit] inveniat *Tr*   9 vivendo] videndo *CRVi*   11 ut] nisi *RVi*; ubi *LnLcR₇*   18 quomodo] quo *Tr*   27 scriptum] dictum *TrD*   29 veniat] perveniat *TrL*; pervenerit *Li*

2 Aug. *De perfectione iustitiae hominis* 15, 34   5 Matth. 6:12–13   24 Hier. *Epist.* 107, 6   26 Hier. *Epist.* 107, 6   27 Ioan. 9:21; cf. 1 Cor. 13:11

"Qui claudam et mutilam et qualibet sorde maculatam obtulerit hostiam, sacrilegii reus est. Quanto magis qui partem corporis sui et illibate anime puritatem regiis amplexibus parat, si negligens fuerit, punietur." Si sollicitus es et prudens ne filius vel filia percuciatur a vipera, cur non
5 eadem cura provideas ne feriatur a malleo universe terre? Hec quoque addant parentes in filiorum educacione ut arceant eos a prava societate et ne sinant illos torpere ociositate, sed bonis artibus satagant instruere.

36. De arcendo a prava societate et instruendo prolem bonis artibus, dicit idem Ieronimus: "Sic erudienda est anima, que futura est
10 templum Dei. Nichil aliud discat audire, nichil loqui, nisi quod ad timorem Dei pertineat. Turpia non intelligat, cantica mundi ignoret, adhuc tenera lingua psalmis dulcibus imbuatur. Procul sit etas lasciva puerorum ipsi pedisequi secularibus consorciis arceantur, ne quod male didicerint, peius doceant. Grecorum narrat historia Alexandrum
15 potentissimum regem orbisque dominatorem, et in moribus et in incessu Leonidis, pedagogi sui, non potuisse carere viciis, quibus adhuc parvulus fuerat infectus. Proclivis est enim malorum emulacio, et quorum virtutes assequi nequis, cito imitaris vicia."

37. De auferenda vero ociositate et pigritia tale de accipitre
20 proponit beatus Ambrosius exemplum, dicens: "Accipitres dicuntur duram adversus proprios fetus habere inclemenciam, quod ubi eos adverterint temptare volatus primordia; nidis eiciunt suis, continuoque eliminant ac, si morentur, propulsant penitus atque precipitant, verberant alis, coguntque audere quod trepidant, nec ullum postea deferunt
25 hiis munus alimonie. Quid mirum tamen si rapere assueti nutrire fastidiunt? Consideremus ad hoc eos esse generatos, ut etiam aves ad cavendum formido exerceat; ne passim curas relaxent, sed pericula predonibus declinanda prospiciant. Deinde cum hiis natura quadam predandi munus inoleverit, magis a tenero pullos suos instruere videntur
30 ad predam quam pastos abdicare compendiis. Cavent ne in tenera etate pigrescant, ne solvantur deliciis, ne marescant ocio, ne discant cibum magis expectare quam querere, ne nature sue deponant vigorem. Intermittunt studia nutriendi, ut in usum rapiendi audere compellant."

1 mutilam] in utilem *RViLnLcR₇*; mutilatam *L*   4 es] est *TrDDo*; et *Li*   7 illos] eos *LCRViLnLcR₇*   torpere] corpore *D*; tepere *C*; tempore *R*   8–9 instruendo . . . idem *om. CR*   14 peius] potius *Tr*; penis *CR₇*   17 fuerat] erat *L*   infectus] instructus *L*; in effectus *C*   19 vero] quoque *RLnLcR₇*   20 dicuntur] feruntur *Ambr.*   22 eiciunt] etiam *TrDLi*   23 propulsant] propellant *L*; compulsant *R₇* penitus] pennis *Ambr.*   28 prospiciant] prospicient *CRVi*   30 Cavent] Caveant *TrD*

1 Hier. *Epist.* 107, 6   9 Hier. *Epist.* 107, 4   20 Ambr. *Hex.* 5, 18, 59

Hoc itaque exemplo avium discant homines patres non sinere prolem
torpere ocio et ignavia, sed magis eos exerceant et compellant ad
audendum et aggrediendum virilia et forcia humane nature congruencia, que sola sunt conditori eiusdem nature placencia.

    38. De ociositate dicit Bernardus: "Fugienda est ociositas, mater   5
nugarum, noverca virtutum." Seneca quoque dicit: "Gloriari ocio iners
ambicio est." Item, de molli et ocioso dicit Seneca: "Paulatim
effeminatur animus atque in similitudinem ocii sui et pigricie, in qua
iacet, solvitur. Quid ergo? Nonne viro vel obrigescere sacius est?
Deinde idem delicati timent mortem cui vitam suam similem fecerunt.   10
Puto, eque qui in odoribus iacet, mortuus est et qui rapitur vicio. Ocium
sine litteris mors est, et hominis vivi sepultura." Item idem: "Vobis
voluptas est inertis ocii facere corpusculum et securitatem sopitis
simillimam appetere sub densa umbra latitare tenerimisque cogitacion-
ibus, quas tranquillitatem vocatis animi marcescentis oblectare   15
torporem et cibis potacionibus que intra ortorum latebram corpora
ignavia pallencia saginare. Nobis voluptas est dare beneficia vel labo-
riosa, dum aliorum labores levent vel periculosa, dum alios a periculis
extrahant, vel raciones nostras aggravatura dum aliorum necessitates et
angustias laxent."   20

    39. Est quoque ociositas laqueus quidam quo diabolus illaqueat
ad decepcionem. Unde Augustinus in libro *De civitate Dei* dicit: "De
quodam qui gloriabatur de ocio eum minus fortasse dii falsi decepissent,
si ocium minime reperissent. Cum igitur tam turpis tam perniciosa sit
ociositatis ignavia, arceant patres filios ab ocio, bonis artibus instruant,   25
et in earum usu eosdem exercitare compellant." Sciantque tam patres
quam filii quod nullius artis pericia turpis est vel mala, sed est cuiuslibet
artis cognicio pulchra, laudabilis, et bona. Et sicut dicit Augustinus: "In
una eademque re et nescienti sciens et erranti non errans, recta racione
proponitur." Si enim visio corporalis bona est, cuiuscumque rei sit visio,   30
sive videlicet rei bone et licite sive illicite, multo amplius, cum cognicio
sit anime visio, omnis rei cognicio bona est et pulcra; et laudabilior
cognoscens et sciens ignorante idem secundum quod huiusmodi est.
Dicitur quandoque tamen sciencia habitus adquisitus per experienciam

    6 iners *om. Tr*   7 ocioso] ocio *TrDR₇*   11 iacet] latet *LC*   19 dum *om. Tr*   24
ocium] ociosum *DLCR(Vi illeg.)*   28 dicit] beatus *add. DoCRViLnLcR₇*   32 laud-
abilior] est *add. CRVi*

    5 Bernardi Claravallensis *De consideratione* 2, 13   6 Senecae *Epist.* 68, 3   7
Senecae *Epist.* 82, 2-3   12 Senecae *De benef.* 4, 13, 1-2   22 Aug. *De civitate
Dei*   28 Aug. *Enchiridion* 17

et ipsa cognicio experiens; et secundum hunc modum accipiendi nomen sciencie rerum illicitarum et noxiarum sciencie noxie sunt. Aliter vero dicta sciencia, pro sola videlicet animi cognicione, si non infletur ambicione nec maculetur curiositatis libidine, etiam rerum noxiarum
5   bona est et illicitarum licita. Quanto ergo omnium bonarum artium, vel secundum animi speculacionem vel secundum corporis operacionem, ad humanam vitam iuvamentum est sciencia pulcra laudabilis et bona. Et cum ars bona quelibet melior et utilior sit in cognicione simul et sui officii exercicio, quam sit in sola cognicione, melior est per unamquam-
10 que artem operans in quantum huiusmodi quam non operans per eandem. Unde qui per artem sutoriam fuit, inquantum huiusmodi est, melior et laudabilior est non suente. Igitur, circumscriptis animi virtutibus et viciis, sutor et per sutoriam secundum artis sue exigenciam suens melior est carente hac arte et eius exercicio, nisi idem carens tali
15 arte laudabilioris artis sit imbutus pericia et deditus exercicio. Unde, ut dictum est, circumscriptis animi virtutibus et viciis, rusticus sutor melior et laudabilior est rege ditissimo, si equivalentis aut melioris et artis et officii sit rex ignarus et expers. Omnis itaque artifex laudabilis et nullus ex eo quod artifex est vituperabilis. Sed aliis circumscriptis, ille laud-
20 abilior qui laudabilioris artis occupatur exercicio. Et qui potest de pluribus artificiis cui intendat eligere nimirum ille laudabilior qui eligit intendere laudabiliori.

      40.   Et sciendum est quod magnum Dei donum cuiuslibet artis pericia, quod patet ex eo quod in Exodo scriptum est de Beselleel et
25 Holiab. De quibus ibidem sic dicitur: *Locutus est Dominus ad Moysen dicens: Ecce vocavi ex nomine Bezelleel filium Huri filii Hur de tribu Iuda, et implevi eum spiritu Dei, sapiencia, et intellectu et sciencia in omni opere, ad excogitandum fabre quicquid fieri potest ex auro et argento et ere, marmore gemmisque et diversitate lignorum. Dedique ei
30 socium Holiab filium Acisamec de tribu Dan. Et in corde eorum omnis eruditi posui sapienciam, ut faciant que precepi tibi.* In Eccesiastico

---

3 sciencia] et sapiencia *add. CRVi*   4 maculetur] maculatur *TrL*   5 licita] illicita *R*; illicita *corr. ex* licita *Vi*   7 iuvamentum] iuvancium *DCRViLnLcR₇*   8 quelibet] et *add. CRR₇*   11 est] secundum artis sue exigenciam *add. CRVi*   12 circumscriptis] circumspectis *TrDLLnLcR₇*   13 sutor *om. TrD*   14 suens] sciens *RVi*   16 circumscriptis] circumspectis *Ln*; vel circumspectis *add. D*   16 virtutibus] ut dictum est *add. RLnLcR₇*   17 aut melioris *om. Tr*   18 et²] est *RLcR₇*; est et *Ln*   21–22 eligit intendere] intendit eligere *C*; vel qui intendit eligere *add. Vi*

25 Exod. 31:1–6

quoque scriptum est: *Omnis sapiencia a Domino Deo est.* Et in libro
Sapiencie scriptum est: *Omnium enim artifex docuit me sapiencia.*
Exercitacio quoque bonarum artium edomat duriciam parat obedien-
ciam et ocii vicia discutit. Unde Seneca ait: "Iacet corpus. Interdum
quies inquieta. Et ideo ad rerum actus excitandi ac tracione bonarum   5
artium explicandi sumus, quociens nos male habet inercia inpaciens sui.
Magni imperatores cum male parere milites vident, aliquo labore
compescunt et expedicionibus detinent. Numquam lascivire districtis
nichilque tam certum est quam ocii vicia negocio discuti."

[De quinto mandato]   10

1.   Sequitur quintum mandatum, videlicet: *Non occides*; et subin-
telligendum est quod nec etiam voluntate, sicut nec manu, occidendum
est. Insuper hoc intendit hec prohibicio quod nec occidas te nec alium
hominem. Fuerunt autem quidam ethnici sapientes qui putabant esse   15
virtutem fortitudinis si homo occideret se ne pateretur aliqua indigna,
vel etiam si indigna passus esset. Unde et Seneca in quadam epistola sua
quosdam extollit laudibus, quasi viros fortes, eo quod sibimetipsis
mortem invenerunt et intulerunt. Et illa famosa Lucretia magnis
laudibus est predicata eo quod ferro sibi vitam ademit, quia castitati   20
matronali indigna pertulerat.

2.   Fuerunt quoque alii qui putabant hoc mandato esse preceptum
ut nichil occideretur, et huius mandati fieri transgressorem si quis
animal quodcumque occideret, quia universaliter dictum est: *Non
occides*, et non est additum 'hominem', quasi si solius hominis occisio   25
esset prohibita, dixisset legis lator: 'Non occides hominem.' Horum
errorem elidit Augustinus in libro primo *De civitate Dei* sic inquiens: "Si
non licet privata potestate hominem occidere vel nocentem, cui
occidendi licenciam lex nulla concedit, profecto etiam qui seipsum

---

4 Interdum] nudum *R*; et *add. CRVi*   5 excitandi] exercitandi *DRVi*; occupandi
Sen.   6 explicandi] occupandi *Seneca*   8 expedicionibus] impedicionibus
TrLR₇   13 occidendum] intelligendum *L*   16 si] sive *D*; alia *R₇*   20 est *om.*
Tr   28 cui] tunc *D*; cum *RVi(C illeg.)*; cuius *Aug.*   29 concedit] concedat
RVi   etiam *om. Tr*

---

1 Ecclus. 1:1   2 Sap. 7:21   4 Senecae *Epist.* 56, 8–9   12 Cf. Grosseteste *Sermo*
31, fol. 346ᴮ⁻ᶜ; *Sermo* 83, fol. 38ᶜ; *Sermo* 86, fol. 347ᶜ   Exod. 20:13   17 Senecae
Epist. 24, 9–11; cf. etiam *Epist.* 77   19 Cf. Aug. *De civ. Dei* 1, 18 et 23   24 Exod.
20:13   27 Aug. *De civ. Dei* 1, 17

occidit, ipse homicida est, et tanto fit nocencior cum se occiderit, quanto
innocencior in ea causa fuit, qua se occidendum putavit. Nam si factum
Iude merito detestamur eumque veritas iudicat, cum se laqueo suspen-
dit, scelerate illius tradicionis auxisse pocius quam expiasse commissum,
5   quoniam de misericordia Dei desperando exitiabiliter penitens nullum
sibi salubris penitencie locum reliquit; quanto magis a sua nece se
abstinere debet, qui tali supplicio quod in se puniat non habet. Iudas
enim cum se occidit, sceleratum hominem occidit, et tamen non solum
Christi, verum etiam sue mortis reus hanc vitam finivit, quia licet
10   propter suum scelus alio suo scelere occisus est. Cur autem homo, qui
nichil mali fecit, sibi malefaciat et seipsum interficiendo hominem
interficiat innocentem, ne alium paciatur nocentem, atque in se perpe-
tret proprium, ne in eo perpetretur peccatum alienum?" Et paulo post
in eodem libro ait: "Neque enim frustra in sanctis canonicisque libris
15   nusquam nobis preceptum divinitus permissumve reperire potest, ut vel
ipsius adipiscende immortalitatis vel ullius cavendi carendive mali causa
nobismetipsis inferamus necem. Nam et prohibitos nos esse intelligendum est, ubi lex ait: *Non occides*, presertim quia non addidit: 'proximum tuum', sicut falsum testimonium cum vetaret: *Falsum* inquit
20   *testimonium non dices adversus proximum tuum.* Nec ideo tamen si
adversus seipsum quisquam falsum testimonium dixerit, ab hoc crimine
se putaverit alienum, quia regulam diligendi proximum a semetipso
dilector accipit, quoniam quidem scriptum est: *Diliges proximum tuum
tanquam teipsum.* Porro si falsi testimonii non minus reus est qui de
25   seipso falsum fatetur, quam si adversus proximum hoc faceret, cum in
eo precepto quo falsum testimonium prohibetur, adversus proximum
prohibeatur possitque non recte intelligentibus videri non esse
prohibitum, ut adversus seipsum quisque falsus testis assistat; quanto
magis intelligendum est non licere homini seipsum occidere, cum in eo
30   quod scriptum est: *Non occides*, nichilo deinde addito, nec ipse utique,
cui precipitur, intelligatur exceptus. Unde quidam hoc preceptum etiam

---

12 ne . . . nocentem *om. Tr.*   12–13 perpetret] peccatum *add. LViLnLcR₇*   14
canonicisque] catholicisque *LnLcR₇*   15 nusquam] numquam] *RVi*   permissumve]
promissumve *TrD*   16 vel ullius] et nullius *LnLcR₇*   carendive mali] carendi veniali
R   17 necem] mortem *Li; om. TrDL*   23 dilector] dileccior *L*; dilecto *LiLnLcR₇*;
dilectio *TrD*   accipit] accepit *LRAug.*   quoniam] quando *Aug.*   25 fatetur] fate-
retur *Hf*; fateatur *Tr*

14 Aug. *De civ. Dei* 1, 20   18 Exod. 20:13   19 Marc. 12:31; cf. Levit. 19:18 et
Matth. 22:39   23 Matth. 19:19   30 Exod. 20:13

in bestias ac pecora conantur extendere ut nullum etiam illorum liceat
occidere. Cur non ergo et herbas et quicquid humo radicatus alitur
atque figitur? Nam et hoc genus rerum, quamvis non senciat, dicitur
vivere ac per hoc potest et mori, proinde etiam, cum vis adhibetur,
occidi. Unde et apostolus cum de huiuscemodi seminibus loqueretur: *Tu* 5
inquid *quod seminas non vivificatur, nisi prius moriatur*, et in Psalmo
scriptum est: *Occidit vites eorum in grandine*. Num igitur ob hoc cum
audivimus: *Non occides*, virgultum vellere nefas dicimus et Mani-
cheorum errori insanissime adquiescimus? Hiis igitur deliramentis
remotis cum legimus: *Non occides*, si propterea non accipimus hoc 10
dictum esse de frutectis, quia nullus sensus eis est, nec de irracionabilibus animantibus, volatilibus natatilibus, ambulantibus reptilibus,
quia nulla nobis racione sociantur, quam non eis datum est nobiscum
habere communem (unde iustissima ordinacione creatoris et vita et
mors eorum nostris usibus subditur). Restat ut de homine intelligamus 15
quod dictum est: *Non occides*, nec alterum ergo nec te, neque enim qui
se occidit alium quam hominem occidit." Item, idem in eodem libro:
"Et quicumque hoc in seipsis perpetraverunt, animi mirandi fortassis
magnitudine, non sapiencie sanitate laudandi sunt. Quamquam si
racionem diligencius consulas, ne ipsa quidem magnitudo animi recte 20
nominatur, ubi quisque non valendo tolerare vel queque aspera vel
aliena peccata, seipsum interimit. Magis enim mens infirma deprehen-
ditur, que non potest ferre vel duram corporis sui servitutem vel stultam
vulgi opinionem, maiorque animus merito dicendus est, qui vitam
erumpnosam magis potest ferre quam fugere et humanum iudicium 25
maximeque vulgare." Ex hiis verbis beati Augustini vera intelligencia
huius mandati liquido declaratur et non recte sapiencium perniciosus
error eliditur.

    3. Huius autem mandati transgressio quam sit gravis ex hoc
liquere potest, quia qui hominem occidit dignissimam Dei creaturam 30
destruit, et opus factum totius trinitatis consilio dissolvit. Cum enim, ut

---

    1 ac] aut *ViLnLcR₇*   2 ergo] etiam *RViLnLcR₇*   7 vites] vineas *LRViLnLcR₇*
grandine] et moros eorum in pruina *add. D*   8 dicimus] discimus *Tr*; ducimus
Aug.   10 hoc] hic *TrD*; *om. Li*   13 quam] quem *Tr*; quod *HfCRVi*; quia *L*   14
communem] communionem *RVi*; racionem *add. L*   15 mors] mores *TrL*   subditur]
subduntur *LLnLcR₇*   18 perpetraverunt] perpetraverint *DLiRViLnLcR₇*   20
racionem] racione *TrLnLcR₇*   21 valendo] nolendo *L*   22 interimit] interemerit
Aug.   23 corporis] operis *RViLnLcR₇*   30 quia] quod *Li*; *om. TrD*

---

    5 1 Cor. 15:36   7 Ps. 77:47   8 Exod. 20:13   18 Aug. *De civ. Dei* 1, 22

fierent cetere creature, dictum sit simpliciter: *Fiat . . . et factum est*; ut fieret homo, quasi ex consilio, dictum est: *Faciamus*; et in hoc humane condicionis dignitas non mediocriter commendatur. Conditoris est ergo non mediocris iniuria cum eius dignissima et sola velut consilio facta
5 dissolvitur factura.

4. Ad hec, cum propter hominem facta sit reliqua huius creatura mundi, ceteris creaturis propter hominem factis iniuriatur qui homini ceteris preposito mortem inferre conatur. Finem enim, propter quem sunt, quantum est in se eis tollit qui hominem occidendo, hominem de
10 medio tollit. Unde quantum est in se eorum bene esse eis surripit, cum res tunc bene sit quando consecuta est finem propter quem facta fuit. Et cum omnis creature aliquid habeat homo, ideoque dictus sit minor mundus et voce ipsius Veritatis appelletur omnis creatura, cum dicitur: *Predicate evangelium omni creature*, qui homini suum esse surripit et
15 omni creature ex parte aliqua suum esse detruncat.

5. Christus quoque mortuus est ut hominem repararet et reduceret a morte culpe in vitam gracie, et a morte penali in vitam glorie. Unde homicida Christi mortem et passionem patenter contempnit et subsannat, cum eum precipitet in mortem propter quem
20 Christus mortuus est ut eum revocaret a morte ad vitam. Homicida quoque specialis quidem est imitator diaboli, qui fuit *homicida ab inicio*, et per hanc specialem imitacionem fit diaboli filius. Unde, querentibus quibusdam interficere Christum, ipse Christus exprobrat, dicens: *Vos ex patre diabolo estis et desideria patris vestri vultis facere*. Et per quam
25 imitacionem essent filii diaboli explanat cum subiungit, dicens: *Ille homicida erat ab inicio*.

6. Preterea, homicida contra naturam universalem videtur facere, quia naturaliter omnis species seipsam nititur salvare. Iniuriosus est igitur non mediocriter homicida omni creature, que propter hominem

---

2 fieret] fiat *Tr*   5 factura] factum *Tr*; futura *D*   6 Ad hec] Adhuc *RViLn-LcR₇*   6–7 facta . . . hominem *rep. R*   9 hominem²] homini *Tr*   10 quantum *om. Tr.*   12 ideoque] ideo, quia *Tr*   16 hominem] homini *Tr*   23 quibusdam] Iudeis *Li*   25 essent] sit *LnLcR₇*   filii] filius *LnLcR₇*   27 universalem] naturalem *TrD*; universaliter *Ln*; utilem *LcR₇*

---

1 Gen. 1:6–7   6 Cf. Grosseteste *Hex.* 1, 17, 1; 4, 17, 1; 8, 13, 6; 9, 3, 5; 9, 9, 1; *De cess. leg.* 1, 9, 1; *Comm. in Phys.* 3 (p. 58) et 8 (pp. 154–55); et *De finitate motus et temporis* 3, 9–13   11 Cf. Grosseteste *De cess. leg.* 3, 2, 27–28, *Hex.* 9, 8, 2–3, et *Sermo 7:* 'Exiit edictum'. Vide R.C. Dales, "A Medieval View of Human Dignity," *Journal of the History of Ideas* 28 (1977), 569–571   12 Calcidii *In Timaeum comm.* 202 et Macrobii *In somnium Scipionis comm.* 2, 12, 11; cf. Grosseteste *Hex.* 8, 13, 6   14 Marc. 16:15; cf. Gregorii Magni *Homiliae in Evang.* 29   21 Ioan. 8:44   23 Ioan. 8:44   25 Ioan. 8:44

facta est, et cuius aliquid in se habet homo. Ideo primo homicide, videlicet Chaym, est congrua culpe sue inflicta pena, ut esset vagus et profugus super terram velut omnem timens creaturam, utpote quam leserat et quam lesam sua consciencia seva de se ulcionem expetere semper dictabat, cui terra operata ex Domini sentencia non profert   5 fructus suos, iniustam videlicet iniurie sue et ceterorum elementorum ulcionem.

7.   In huius quoque mandati transgressionem ex parte aliqua incidunt qui ex odio membra hominibus mutilant. Cum enim membrum sit vivens, qui membrum mutilat, aliquid vite tollit, non quo partem   10 anime vivificantis abscindat (cum anima sit simplex et non per partes secabilis), sed quo actum vite in membro absciso detruncat. Videre namque oculi quoddam vivere est quod eruto oculo surripitur, et tangere manus vivere quoddam est quod abscisa manu deperitur. Et, sicut homicidium morte occisoris vult ex lege puniri, sic et mutilacio   15 membrorum lege talionis que exigit *dentem pro dente, oculum pro oculo, manum pro manu, pedem pro pede*, adustionem pro adustione.

8.   Similiter quoque qui vite huius sustentacioni necessaria vi, vel furto vel fraude, surripit, in huius mandati transgressionem ex parte   20 aliqua incidit. Quia panis vita pauperis est, qui defraudat illum, vir sanguinis est. Nec solum qui defraudant egentes huius vite necessariis in hanc transgressionem incidunt, sed et qui, cum possunt egentibus subvenire, non subveniunt. Unde dicitur: "Si videris pauperem fame morientem et non pavisti, occidisti." Quid enim refert, si vita auferatur   25 aut sanguinis effusione aut alimentorum, sive eorum sine quibus non potest vita hec continuari subtraccione? Quid enim refert an actus vivendi minuatur membrorum mutilacione, an debilitetur et fere adnichiletur alimentorum ablacione? Aut quid refert si cum possim prohibere manum armatum ne occidat non prohibeam, et cum possim   30 repellere famem occidentem non repellam?

5 operata] aperta *Tr*; operta *L*; est *add. R*   9 hominibus] hominis *R₇*; hominum *L*   26 effusione] effusionem *L*; effusio *R*; effusio *corr. ex* effusione *Vi*   27 subtraccione *om. Tr*   enim] etiam *RViLcR₇*   30 possim] possem *RVi*

1–7 Cf. Gen. 4:10–12   16 Deut. 19:21; cf. *De cess. leg.* 4, 3, 6   19–31 Cf. *Sermo* 31, MS Brit. Libr. Royal 6. E. V., fol. 109rb, cit. a Servus Gieben, OFM Cap., "Robert Grosseteste on Preaching, with the Edition of the Sermon 'Ex rerum initiatarum' on Redemption," *Collecanea Franciscana* 37 (1967) 100–141, in p. 11.   24–25 Cf. Grosseteste *Sermo* 6, 'Qui manet in caritate', fol. 79^D

9.   Ad hec, sicut dicit Iohannes: *Qui odit fratrem suum homicida est*, quia qui odit aut vult occidere aut membra mutilare aut vite huius necessaria si possit subtrahere. Cum autem odit quis alium, aut odit in ipso naturam humanam aut odit personam aut eius virtutem aut eius
5   vicium. Si odit naturam humanam, per consequens odit omnem hominem humane nature participem, et sic seipsum, et etiam Ihesum Christum, hominem et Deum. Si odit in eo virtutem aliquam, odit per consequens omnem eadem virtute virtuosum, et sic odit Christum, cum in ipso sit omnis virtus; immo, cum ipse sit omnis virtus, et omnes etiam
10   odit qui conformes facti Deo ab ipso participant virtutes. Si vero personam odit, hoc iniuste facit, quia ille quem odis non inde te lesit unde persona est, sed inde unde viciosus et malus est. Si vero te non lesit, et odis quam hoc sit iniustum, non indiget demonstrari. Si autem vicium odis, hoc odium non improbatur, sed ita laudatur, quod qui hoc
15   odio caruerit nulla racione laudabilis sit. Vicium itaque quod odis, occide! Nec melius vel efficacius occiditur quam cum pro malo beneficium rependitur. Nichil autem stultius quam putare se per maliciam, maliciam quam odit occidere. Similia namque similibus pocius augentur, et contraria contrariis destruuntur. Igitur malicia vincenda est
20   beneficio, sicut tenebra fugatur luce et frigidum calido. Qui autem maliciam malicia vult vincere, prius ipse a malicia vincitur, quam maliciam alterius vincere nititur. Unde apostolus: *Noli vinci a malo, sed vince in bono malum*. Qui autem malicia maliciam vult extinguere, est sicut qui in ignem oleum mitteret ut ignem extingueret. Malicia namque
25   eius quem maliciose insequeris tua malicia pocius succenditur quam refrigeratur, quia irritatur et non mitigatur.

10.   Sciendum autem quod homicidii reus non est, vel iudex secundum iustas leges mortis reum morte condempnans, vel minister iudicis sentenciam iudicis ex officio suo exequens, vel miles pugnans pro
30   patria hostem iniuste patriam invadentem periniens, vel ex Dei precepto hoc faciens. Unde Augustinus in libro *De civitate Dei* sic ait: "Quasdam excepciones fecit divina auctoritas ut liceat hominem occidi. Sed, hiis exceptis, quos Deus occidi iubet, sive data lege, sive ad personam pro

---

1 Ad hec] Adhuc *RViLnLcR₇*   7 Christum] Deum *DLiLC*; vel Deum *add. R*   9
ipso] eo *R(Vi illeg.)LnLcR₇*   17 rependitur] redditur *L*; impenditur *R*; vel impenditur
add. Vi   18 pocius *om. TrL*   25 insequeris] persequeris *RViLnLcR₇*; consequeris
L   26 irritatur] urceatur *Tr*   non mitigatur] immitigatur *TrDLi*   32 ut] non *add.*
Aug.

---

1 Ioan. 3:15   22 Rom. 12:21   31 Aug. *De civ. Dei* 1, 21

tempore expressa iussione. Non autem ipse occidit, qui ministerium
debet iubenti, sicut adminiculum gladius utenti; et ideo nequaquam
fecerunt contra hoc preceptum, quo dictum est: *Non occides*, qui Deo
auctore bella gesserunt aut personam gerentes publice potestatis
secundum eius leges, hoc est iustissime racionis imperio, sceleratos   5
morte punierunt; et Abraham non solum non est culpatus crudelitatis
crimine, verum etiam est laudatus nomine pietatis, quod voluit filium
nequaquam scelerate, sed obedienter occidere. Hiis igitur exceptis,
quos vel lex iusta generaliter vel ipse fons iusticie, Deus, specialiter
occidi iubet, quisquis hominem vel seipsum vel alium quemlibet   10
occiderit, homicidii crimine innectitur."

11.   Summopere autem studendum est iudicibus et eorum minis-
tris defensoribus patrie et Deum specialem de occidendo recipientibus
iussionem, ne in condempnando vel occidendo aliorsum deflectant
oculum, vel ad vindicatam, vel ad lucrum, vel ad aliquid huiusmodi, sed   15
in sola iusticia eum habeant immobiliter defixum, ut non solum quod
iustum est exequatur, sed, sicut precipit Dominus per Moysen: *Quod
iustum est iuste exequatur*, ut sit iustum in opere et iuste in recta operis
intencione. Si itaque qui corpus occidunt aliqua violencia animam a
corpore segregando, tam graviter delinquunt quantum eis timenda est   20
gravitas criminis, qui animam occidunt separando eam a vita vera que
Deus est, aut aliqua compulsione aut persuasione aut exemplo aut, cum
possint salvare, non eripiendo ab eterna morte.

[De sexto mandato]

1.   Sextum mandatum est: *Non mechaberis*. In quo mandato   25
prohibetur non solum adulterium, sed et fornicacio et omnis
membrorum genitalium usus illicitus et contra naturam.

2.   Quod autem non solum adulterium, sed etiam fornicacio et
usus non naturalis illorum membrorum, sit mortale peccatum testatur

---

5 imperio] imperium *Aug.*   12 Summopere] Summo opere *DDoRViLnLcR₇*   14
aliorsum] aliquos *TrL*; aliquorsum *HfLiCLn*; aliorum *R*; alicorum *LcR₇*   15 vind-
icatam] vindictam *DLi*   lucrum] luctum *R*   17 exequatur] exequeretur *LcR₇*; iuste
add. R   17–18 exequatur . . . iuste *om. Ln*   23 morte] et cetera *add. CRVi*   25
Sextum mandatum est] Sequitur mandatum *Vi*   26 omnis] omnium *RVi*; omnisque *C*

---

3 Exod. 20:13   6 Cf. Gen. 22:1–20   12 Cf. Iudic. 16:30   17 Deut. 16:20

apostolus ad Ephesios, dicens: *Hoc autem scitote intelligentes: quod omnis fornicator, aut immundus aut avarus, quod est ydolorum servitus, non habet hereditatem in regno Christi et Dei.* Et ad Galathas ait: *Manifesta autem sunt opera carnis, que sunt fornicacio, immundicia,*
5 *impudicicia, luxuria, ydolorum servitus, veneficia, inimicicie, con-tenciones, emulaciones, ire, rixe, dissenciones, secte, invidie, homicidia, ebrietates, commessaciones, et hiis similia, que predico vobis, sicut predixi; quoniam qui talia agunt, regnum Dei non consequentur.* Et sicut dicunt expositores: "Immundicia in hoc loco vocatur opus luxurie contra
10 naturam." Item, ad Corinthios ait: *Nolite errare, neque fornicarii, neque ydolis servientes, neque adulteri, neque molles, neque masculorum concubitores, neque fures, neque avari, neque ebriosi, neque maledici, neque rapaces regnum Dei possidebunt.*

3. Quam autem sit detestabile vicium adulterium patere potest in
15 parte ex matrimonii dignitate. Matrimonium namque in paradiso ante peccatum fuit constitutum ut in lege matrimoniali propagaretur genus humanum de quo propagato compleretur numerus celestium civium et restauraretur numerus angelorum. Et si non preccasset homo, sicut testatur Augustinus, fieret sine indecentibus et indecoris et inordinatis
20 et inobedientibus motibus, et sine libidinis estu et pruritu, "seminacio filiorum in corpore vite illius, sine quibus nunc fieri non potest in corpore mortis huius."

4. Suntque matrimonii tria magna bona: fides, proles, et sacra-mentum. Est namque matrimonium sacramentum et signum unionis
25 duarum naturarum in persona una in Christo. Sicut enim vir et uxor sunt duo in carne una, sic in Christo sunt due nature, Dei videlicet et hominis, et persona una. Ipse namque Christus est ex duabus et in duabus naturis perfectus Deus et perfectus homo. Et hec copula matrimonialis duarum naturarum in Christo, cuius sacramentum est
30 copula matrimonialis viri et uxoris, fuit celebrata in utero beate virginis quando ipsa concepit Dei Verbum. Unde et de Christi processu ex utero

---

14 Quam] Quod *R*   15 matrimonii] matrimoniali *RViLnLcR₇*   16 constitutum] institutum *RViR₇*   20 motibus] moribus *R(Vi illeg.)LcR₇*   23 Suntque] Sunt *L*; Sunt quoque *R(Vi illeg.)LnLcR₇*   29 in Christo] est Christus *TrDLi*

---

1 Cf. Grosseteste *Sermo* 31, fol. 346^C; *Sermo* 83, fol. 38^C-D; *Sermo* 86, fol. 347^C-D   Ephes. 5:5   4 Galat. 5:19–21   10 1 Cor. 6:9–10   19 Cf. Aug. *De nupt. et concup.* 1, 1, 1; cf. Grosseteste *Hex.* 1, 20, 2   20 Aug. *De nupt. et concup.* 1, 1, 1   23 Cf. Aug. *De nupt. et concup.* 1, 11, 13 et 1, 17, 19; et *Contra Iulianum* 3, 59 et *De peccato originali* 34, 59

virginali per nativitatem temporalem, dictum est in Psalmo: *Et ipse
tanquam sponsus procedens de thalamo suo*. Insuper matrimonium viri
et uxoris sacramentum est spiritualis matrimonii Christi et ecclesie quod
celebratum est in Christo baptizato. Unde et canitur in festo Epiphanie:
"Hodie celesti sponso iuncta est ecclesia, quia in Iordane lavit Christus   5
eius crimina." Celebratum quoque est in passione quando Christus sui
sanguis effusione baptizmum complevit. Propter quam complecionem
dicit apostolus: *Quicumque baptizati sumus in Christo Ihesu in morte ips
ius baptizati sumus*, quando videlicet ecclesiam sanguine suo dealbavit.

5.   Est etiam matrimonium viri et femine sacramentum spiritualis   10
copule Verbi Dei et fidelis anime, qua copula fidelis anima adherens
Deo unus spiritus est. Tam sacrum igitur et tam sacre rei signum
manifeste nepharium est violare per adulterium. Si enim alicuius regis
vexillum, vel aliud quid quod gereret regium signum, aliquis
contemptibiliter conculcaret in luto, ipsum regem per signi ipsius   15
conculcacionem non mediocriter inhonorasset, nec mediocrem iniuriam
ipsi intulisset. Immo insuper, qui in bello regis vexillum sponte in lutum
deiceret, mortis nimirum reus esset. Quanto igitur magis Christum et
ecclesiam inhonorat, qui in ceno luxurie matrimonii honestatem concul-
cat et sordidat et violat, presertim cum id, cuius signum est mat-   20
rimonium, omni regia dignitate sit incomparabiliter excellencius, et
cenum luxurie omni luto corporali sit incomparabiliter sordidius?

6.   Fides autem est matrimonialis ut vir nullam cognoscat preter
uxorem, et uxor nullum preter virum suum. Huius igitur fidei federa
rumpit adulterans. Et insuper vir vel uxor adulterans furtum sui facit,   25
quia *vir non habet potestatem sui corporis, sed mulier*, sicut dicit
apostolus, *et similiter mulier non habet potestatem sui corporis, sed vir*.
Cum igitur corpus viri sit mulieris ad actum propagacionis, et econtrario, corpus mulieris sit in viri potestate quo ad huius actum, si vir
corpus suum, quod ad actum propagacionis est uxoris sue, alii mulieri ad   30
hunc actum tradit, manifeste sui corporis furtum facit, et similiter
mulier. Quanto autem preciosius est quod furto surripitur, tanto gravius
peccat qui surripit. Et item, quanto maior debetur fides et dileccio ei cui
aliquid furto surripitur, tanto gravius peccat qui furatur, homine autem

35

3 quod] et *Tr*   4 in *om. Tr*   9 ecclesiam] in *add. L*   11 qua *om. Tr(spatium
vacuum)*   14–17 regium . . . bello *rep. RVi*   17 ipsi] ei *TrDLLi*; illi *RViR₇*   18
igitur] christiana *add. D*   28–29 econtrario *om. TrL*   31 similiter] sic *RViLn-
LcR₇*   33–67:2 ei . . . dileccio *om. L*

1 Ps. 18:6   5 *Breviarium Romanum, in Epiph. Domini, ad Bened. Ant.*   8 Rom.
6:3   26 1 Cor. 7:4

nulla creatura preciosior vel dignior est. Item, nulli maior debetur fides vel dileccio quam viro ab uxore et uxori a viro. Gravissimum est igitur furtum quod facit adulterans cum se hominem furetur, et ei furto se surripit cui maxime fidem et dileccionem debet. Quin immo, cum sint
5 vir et uxor duo in carne una, non solum vir adulterans se surripit furto uxori sue, sed etiam seipsum sibi. Similiter et mulier. Nec sibi blandiatur qui solutus ab uxore cum coniugata mechatur quasi a crimine talis furti sit immunis, cum non solum qui talia agunt, sed etiam qui agentibus consentiunt, morte digni sunt. Nec immerito in veteri lege punita est
10 mechia mortis condempnacione, cum secundum eandem legem: *Qui furatus fuerit hominem, et vendiderit, morte mori debeat.* Mechus autem et mecha seipsos, ut dictum est, furantur et pro vili peccato voluptatis se vendunt diabolo.

7. Ad hoc proles progenita de adulterio, cum sit viro omnino
15 aliena, traditur ei ut propria et in eius succedit frequenter hereditatem cum quo nullam habet consanguinitatem. Nec hoc parum aggravat peccatum quod facit alienum reputari proprium et hereditatem debitam proli proprie transire in possessionem prolis aliene. Unde in Eccesiastico scriptum est: *Mulier omnis relinquens virum suum peccabit, statuens*
20 *hereditatem ex matrimonio alieno. Primo enim in lege Altissimi incredibilis fuit, et secundo in virum suum dereliquit, tercio in adulterio fornicata est, et ex alio viro filios statuit sibi.*

8. Est igitur adulterium detestabile vicium quod sacratissime rei violat, sacramentum fidei federa dissolvit, sui furtum facit, et plerumque
25 aliena ei cui non possunt fieri propria facit reputari sua et alii debitam hereditatem in alterius transire possessionem. Hoc etiam, ut dictum est, mandato prohibita est etiam omnis fornicacio, quam quidam mente obstinata negant esse mortale peccatum, eo quod generacio filiorum et prolis propagacio res est naturalis et verbo Domini statuta, cum dixit:
30 *Crescite et multiplicamimi et replete terram.*

9. Hii scripture auctoritati apertissime obviat parumque attendunt quod supradiximus, videlicet quod licet homo non peccasset, nupcie tamen et prolis propagacio fuisset, et chorus coniugalis immaculatus absque libidinis indecentibus et inordinatis et inobedient-
35 ibus motibus et estuantibus pruriginosis caloribus. Cum autem peccavit

---

1 est *om. RVi*   3 hominem] homine *Tr*   furetur] fueretur *DVi*   11 vendiderit] eum *add sup. lin. Vi*   16 parum] parvum *TrL*; parum *corr. ex* parvum *Vi*   31 parumque] parvumque *TrDL*

---

10 Exod. 21:16   19 Ecclus. 23:32–33   30 Gen. 1:22

homo ad diaboli persuasionem per os serpentis factam, merito peccati
de venenata persuasione decidit in morbum pudende concupiscencie.
Unde Augustinus in libro *De nupciis et concupiscencia* ait: "Pudenda
concupiscencia nulla esset nisi homo ante peccasset." Et post in eodem
libro ait: "Cur ergo ex illis membris," videlicet genitalibus, "confusio   5
post peccatum nisi quia extitit illic indecens motus, quem, nisi homines
peccassent, procul dubio nupcie non haberent? Iniustum quippe erat ut
obtemperaretur ei a servo suo, id est a corpore suo, qui non
obtemperaverat domino suo. Ubi autem conveniencius monstraretur
inobediencie merito depravatam esse naturam quam in hiis inobedient-   10
ibus locis, unde per successionem subsistit ipsa natura? Nam ideo
proprie iste corporis partes nature nomine nuncupantur. Hic itaque
motus indecens quia inobediens." Et iterum, idem in eodem: "De
peccato natus est morbus iste, non de connubio." Liquet itaque ex hiis
verbis quod de peccato natus est morbus concupiscencie, et peccatum   15
hominis de venenata serpentis persuasione. Filiorum itaque seminacio,
et partus de semine concepcio, et concepti parturicio, opera sunt
naturalia Dei verbo statuta et ordinata, sed libidinosi motus et prur-
iginosus calor, qui nunc senciuntur in filiorum seminacione, morbus est
infusus de serpentis venenata persuasione, quemadmodum pes hominis   20
res est naturalis, sed claudicacio vicium est et morbus pedis. Sicut itaque
cibus aliquis naturalis et sanus, si fuerit infusus veneno et comestus,
occidit comedentem nisi subveniat conveniens remedium contra gus-
tatum in cibo naturali venenum; sic et filiorum semincacio, licet sit res
naturalis, tamen propter libidinose concupiscencie morbum de veneno   25
serpentis infusum spiritualiter occidit seminantem nisi subveniat
conveniens remedium, videlicet matrimonii sacramentum. Et in hoc
etiam apparet matrimonii bonum quod facit illud ignosci propter se,
quod tamen est dampnabile extra se.

    10. Cum autem a sapiente et iusto iudice comproporcionetur,   30
semper pena delinquentis quantitati culpe quam sit gravius culpa

---

6 illic] illis *RVi*; illius *LnLcR₇*   8 id est . . . suo *om. LnLcR₇*   suo² *om. RVi*   10
naturam] humanam *add. TrDLi*   11 subsistit] successit *D*; successit vel *praem. Li*; vel
persistit *add. RVi*   16 persuasione] suggestione *RViLnLcR₇*   18 Dei *om. Tr*   22
et² *om. TrDL*   26 seminantem] seminantes *LRLcR₇*

3 Aug. *De nupt. et concup.* 1, 1, 1; cf. Grosseteste *Hex.* 8, 20, 2–8, 21, 1   5 Aug. *De
nupt. et concup.* 1, 5, 6   7 Iniustum] Aug. *De nupt. et concup.* 1, 6, 7   12–14 Hic . . .
conubio] Habetur ad verbum apud Grosseteste *Hex.* 8, 21, 1   13 Aug. *De nupt. et
concup.* 1, 5, 6   21 Cf. Aug. *De nupt. et concup.* 1, 7, 8 et 1, 24, 27; et *De peccato
originali* 37, 42

carnalis luxurie liquere potest ex penarum magnitudine, quas luxuri-
antibus inflixit Deus, iudex iustissimus, omnis iusticie auctor. Propter
peccatum namque luxurie facta est inundacio diluvii que omnem carnem
de terra delevit, exceptis octo animabus et animantibus salvatis in archa.
5   Consequenter etiam peccatum luxurie non nominabilis punivit pluvia
sulphuris et ignis, que quinque civitates cum suis habitatoribus subvertit
et locum amenissimum in fetentem et sterilem convertit. Et bene
congruebant iste pene ut fluxus luxurie puniretur fluore, et fetor fetore,
et ardor ardore, et operis non naturalis sterilitas sterilitate. Locus
10 namque igne et sulphure a Domino subversus in lacum salis sterilem est
versus, qui nunc dicitur mare Mortuum, quia nec pisces nec aves in eo
vivunt, et siquid vivum immersum fuerit, super exilit. Nascuntur ibi
poma virencia sub tanta specie maturitatis ut edendi desiderium gig-
nant; si carpas fatiscunt, et resolvuntur in cinerem, et fumum exalant
15 quasi adhuc ardeant.

11.   In penam quoque adulterii facte sunt in Egipto trium dierum
tenebre tam dense ut possent palpari, et ita sine luminis admixtione ut
nemo videret fratrem suum, nec se moveret de loco in quo erat, et, sicut
scribitur in libro Sapiencie: *Ignis nulla vis poterat illis lumen prebere, nec*
20 *siderum limpide flamme illuminare poterant tristem illam noctem horren-*
dam. Talis autem pena tali culpe congruenter aptatur, quia generaliter
in opere luxurie absorbetur maxime et obtenebratur lumen intelligencie
et ad obscurum peccatum mechie maxime querentur tenebrarum late-
bre. Nec est etiam obscurior mentis cecitas quam in aliena facere quod
25 minime vellet pati in propria uxore.

12.   Preterea, sicut in libro Numerorum legitur, occisi sunt una die
viginti quatuor vel viginti tria milia hominum propter fornicacionis
peccatum. Unde apostolus ad Corinthios: *Neque fornicemur, sicut*
quidam ex ipsis fornicati sunt, et ceciderunt una die viginti tria milia.
30 Habet quoque super luxuriosos demon potestatem sicut habuit super
viros septem qui ad luxuriam explendam Sarram filiam Raguelis unus
post alterum duxerant in uxorem. Unde angelus Tobie, timenti ne

2-3 omnis . . . inundacio *om. L*   3 facta] factum *LnLcR₇*   diluvii *om. TrD*;
diluvium *LnLcR₇*   4 animabus] animantis *Tr*   5 etiam] autem *DLi*; ergo *RViLn*;
igitur *LcR₇*   luxurie *om. D*   6 quinque] ubique *Tr*   suis *om. L*   8 fluore] *lec.*
inc. R; fluxu *ViLnLcR₇*; *om. L*   11 versus conversus *RVi(C illeg.)*   mare *om.*
D   12 et] sed *D*; quod *R₇*   14 carpas] carpes *RVi*; carpis *LnLcR₇*   23 ad *om.*
RLcR₇   27 viginti quatuor *om. R*   viginti tria *om. LnLcR₇*

16 Cf. Exod. 10:21-23; cf. Grosseteste *Hex.* 2, 5, 4   19 Sap. 17:5   26 Cf. Num.
25:1 et 9   28 1 Cor. 10:8; cf. Tob. 6:10-15

occideretur a demonio si intraret ad eam, hec verba respondit: *Audi me,*
et ostendam tibi qui sunt, quibus prevalere possit demonium. Hii namque
qui coniugium ita suscipiunt, ut Deum a se et a sua mente excludant, et
sue libidini ita vacent, sicut equus et mulus, quibus non est intellectus;
habet potestatem demonium super eos.   5

13. Preterea, fornicacio sui ipsius et celestis hereditatis est
amissio. Unde in Eccesiastico scribitur: *Ne des fornicariis animam tuam*
in ullo, ne perdas te et hereditatem tuam. Sequitur etiam plerumque
fornicacionem apostasia. Unde, iterum in Eccesiastico: *Vinum et mul-*
ieres apostatare faciunt etiam sapientes, sicut fecerunt Salomonem, qui   10
adamavit mulieres alienigenas que averterunt cor eius et depraverunt ut
sequeretur et coleret deos alienos.

14. Preterea, cum hoc peccatum, ut dictum est, maxime exquirat
occultacionis tenebras, in iustam penam recipiet palam pluribus mani-
festacionem. Unde in Ecclesiastico scriptum est: *Omnis homo qui*   15
transgreditur lectum suum, contempnens in animam suam, et dicens:
Quis me videt? Tenebre circumdant me, et parietes cooperiunt me, et
nemo circumspicit me; quem vereor? Hic in plateis civitatis vindicabitur,
et quasi pullus equinus fugabitur, et ubi non speravit apprehendetur. Et
erit dedecus omnibus, eo quod non intellexerit timorem domini. Hanc   20
quoque penam reportavit David pro adulterio perpetrato cum uxore
Urie. Unde et Nathan propheta huius peccati ulcionem predicens, ait ad
eum: *Hec dicit Dominus: Ego suscitabo super te malum de domo tua, et*
tollam uxores tuas in oculis tuis, et dabo proximo tuo, et dormiet cum
uxoribus tuis in oculis solis huius. Tu enim fecisti verbum istud abscond-   25
ite: ego vero faciam verbum istud in conspectu omnis Israel, et in
conspectu solis.

15. Infatuat quoque hominem sicut vinum et ebrietas, sic et
fornicacio. Unde et in Osee scriptum est: *Fornicacio et vinum et ebrietas*
auferunt cor. Videtur fornicacio in sui principio habere dulcedinem, sed   30
habet in fine gravissimam amaritudinem. Unde in Parabolis scriptum
est: *Favus distillans labia meretricis, et nitidius oleo guttur eius: noviss-*
ima autem eius amara quasi absinthium, et acuta quasi gladius biceps.
Pedes eius descendunt in mortem, et ad inferos gressus eius penetrant.
Plurima huius mala sunt que sequuntur fornicacionem velut pedisseque   35

---

4 vacent] vacant *TrDLiRVi*   11 alienigenas] alienas *LLnLcR₇*   et depraverunt
om. Tr   13 ut dictum] sicut supradictum *CRViLnLcR₇*   19 non *om. Tr*

1 Tob. 6:16–17   7 Ecclus. 9:6   9 Ecclus. 19:2   15 Ecclus. 23:25–2o   18 Hic]
Ecclus. 23:30–31   23 2 Reg. 12:11–12   29 Osee 4:11   32 Prov. 5:3–5

que longum esset, etiamsi occurerent memorie per partes enumerare.

16. Cum igitur tam turpe malum in se et tam ramosum in suis consequentibus sit luxuria, non parva est sollicitudine et cautela cavenda. Cavetur autem melius dum fugitur. Observandi sunt igitur
5 oculi ne incaute aspicientes pulcritudinis et illecebre muliebris admittant formas et species, que concupiscencie moveant ardorem. Arcenda sunt etiam specierum muliebrium fantasmata ab ymaginacione, quia plerumque consimiles motus concupiscencie movent forme ymaginate, quales movere solent eedem sensate. Unde in Iob scriptum est: *Pepigi fedus*
10 *cum oculis meis, ut nec cogitarem quidem de virgine*. In quo verbo et incautum aspectum et simul cogitacionem illecebrose ymaginacionis prudenter abscindit. David incaute aspiciens, laqueis adulterii captus est. Poeta quoque ymaginacionem turpem adscindere voluit, dum cuidam dixit: "At tu, dum corpore non es passa nephas, animo nec
15 concipe." Multo autem amplius vitandus est mulierum contactus, quia ipse libidinis ardorem concitat vehemencius. Unde et Ieronimus dixit: "Animadvertenda est apostoli prudentia. Non dixit: 'Bonum est uxorem non habere,' sed *Bonum est mulierem non tangere*, quasi et in tactu periculum sit, quasi qui eam tetigerit non evadat" que virorum preciosas
20 animas capit que facit adolescentium corda evolare. Alligabit quis in sinu ignem et non comburetur, aut ambulabit super carbones ignis et non ardebit? Quomodo qui ignem tetigerit statim aduritur, ita viri tactus et femine sentit naturam suam et diversitatem sexus intelligit. Idem quoque *Ad Oceanum de vita clericorum* ait: "Feminarum cum clericis
25 nullo pacto coniuncta precipitur conversacio. Ianua diaboli, via iniquitatis, scorpionis percussio, nocivumque genus est femina, cum proxima stipula incendit ignem. Flammigero igne percutit femina conscienciam pariter habitantis, exuritque fundamenta montium. Ego iudico, si cum viris femine habitent, viscarium non deerit diaboli; ex eis
30 aucupatum est ab inicio peccatum. Ferreas mentes libido domat. Mihi crede, non potest toto corde cum Domino habitare, qui feminarum accessibus copulatur." Germinant enim femine cum viris habitantes

---

3 consequentibus] consequenciis vel *praem. RVi(i.m.)*; consequenciis *LnLcR₇* 7-8 plerumque] plurium *RLcR₇* 14 dixit] dixerat *RViLnLcR₇* 14 nephas *om. Tr* 16 concitat] excitat *RViLnLcR₇* 21 sinu] eum *R₇* comburetur] ardebit *TrDLi* 22 ardebit] comburetur *TrDLi*; ardebitur *L* 27 proxima stipula] proximat, stipulat *Hier.* 30 Ferreas] Felleas *Tr*; Fereas *R* 31 Domino] Deo *RViLnLcR₇*

9 Iob 31:1 14 Ovidii *Metamorph.* 10, 352; cf. Grosseteste *In 1 Cor.* 6:18 (I 532A, II 68A, II 70B-71A) 17 Hier. *Epist.* 49, 14, 4 18 1 Cor. 7:1 24 Ps.-Hier. *Epist.* 42, 3-4

spinas et archana mencium acuto mucrone percutiunt. Qui etiam vitare voluerit luxuriam, vitet et insimul ebrietatem. Unde apostolus: *Nolite inebriari vino, in quo est luxuria.* Et Ieronimus in alia epistola dicit: "Vinolencia scurrarum est et commessatorum: venterque mero estuans cito despumat in libidines. In vino luxuria, in luxuria voluptas, in   5 voluptate impudicia est. Qui luxuriatur, vivens mortuus est: ergo qui inebriatur, et mortuus et sepultus est. Noe ad unius hore ebrietatem nudat femora sua, que per sexcentos annos sobrietate contexerat. Loth per temulenciam, nesciens libidini miscet incestum et, quem Sodoma non vicerat, vina vicerunt." Idem alibi dicit: "Ut, quod sentio, loquar   10 nichil sic inflammat corpora et titillat membra genitalia sicut indigestus cibus ructusque convulsus."

17.   Fugientibus quoque luxuriam etiam ornatus lascivus vitandus est. Unde Ieronimus: "Vestis ipsa animi tacentis iudicium est: si rugam non habeat, si per terram ut alcior videaris trahatur, si de industria   15 dissuta sit tunica ut intus aliquid appareat operiatque quod fedum est, et aperiat quod formosum est. Caliga quoque ambulantis et rugella ac nitens stridore iuvenes ad se vocat. Papille fasciolis comprimuntur et crispanti cingulo angustius pectus arcatur. Capilli, vel in frontem, vel in aures defluunt. Palliolum interdum cadit ut candidos nudet humeros, et   20 quasi videri noluerit, celat festina quod volens detexerat. Et quando in publico quasi per verecundiam operit faciem lupanarum arte id solum ostendit quod ostensum magis placere potest." Ornatum etiam et omnem gestum lascivum animos aspiciencium effeminantes arguit Dominus per os Ysaie, dicens: *Pro eo quod elevate sunt filie Sion, et*   25 *ambulaverunt extento collo et nutibus oculorum ibant, et plaudebant, et ambulant pedibus suis, composito gradu incedebant; decalvabit Dominus verticem filiarum Syon, et Dominus crinem earum nudabit. In Dei illa auferet Dominus ornamentum calciamentorum et lunulas, et torques, et monilia, et armillas, et mitras, et discriminalia, et periscelidas, et mur-*   30 *enulas, et olfactoriola, et inaures, et anulos et gemmas in fronte pen-*

2 insimul] similiter *D*; Israel *R₇*   4 est *om. TrD*   5 cito] de facili *RViLnLcR₇* despumat] despumant *D*; spumat *RViLcR₇*   libidines] libidinem *LViLcR₇*   8 nudat] nudavit *DLiRViLnLc*; mandavit *R₇*   8 que . . . contexerat *om.R*   9 nesciens] vescens *Tr*   12 ructusque] corructusque *R*; succus et consimilibus *R7*   14 Ieronimus] lex *Tr*   ipsa] ipsius *Tr*   16 aliquid] aliquod *Tr*   17 aperiat] appareat *LR*   20 nudet] denudet *Tr*   21 festina] festinat *R*; festinat *corr i.m. ex* festina *Vi*   detexerat] retexerat *Hier.*   21 quando] quanto *RVi(i.m.)*; *om. R₇*

2 Ephes. 5:18   4 Hier. *Epist.* 69, 9   7 Cf. Gen. 9:21   8 Cf. Gen. 9:28–29, 19:31–38   10 Hier. *Epist.* 54, 10   14 Hier. *Epist.* 117, 7   25 Isa. 3:16

*dentes, et mutatoria, et pallia et linteamina, et acus, et specula, et
sindones, et vittas, et teristra. Et erit pro suavi odore, fetor, et pro zona
funiculus; et pro crispanti crine calvicium.* Ieronimus quoque ait: "Quid
facit in facie christiane purpurissus et cerusa? Quorum alterum ruborem
5 genarum labiorumque mentitur, alterum candorem oris et colli: ignis
iuvenum, fomenta libidinum, impudice mentis indicia. Ornatus iste non
Domini est, velamen istud antichristi est." Potest autem luxuria sua
turpitudine considerata animos a se deterrere et fugare, quia secundum
apostoli sentenciam, fornicans de membro Christi facit membrum
10 meretricis et adherens meretrici unum corpus efficitur. Cumque cetera
peccata extra corpus sunt, qui fornicatur in corpus suum peccat et
templum Spiritus Sancti coinquinat. Et, sicut dicit Ieronimus: "Luxuria
est inimica Deo et inimica virtutibus; perdit omnem substanciam Dei
Patris voluptatem deliniens futuram non sinit cogitare paupertatem."
15   18.   Ex predictis itaque satis clarum est omnem carnalem commix-
tionem extra matrimonium esse criminale peccatum. In matrimonio
autem, sicut dicit Augustinus in libro *De penitencia*: "Sola generandi
causa inculpabilis sexus utriusque commixtio est." Item in libro *De
nupciis et concupiscencia*, idem ait: "Concupiscenciam carnis qua *caro
20 concupiscit adversus spiritum*, in usum iusticie convertunt fidelium
nupcie. Habent quippe intencionem generandi regenerandos ut qui ex
eis filii seculi nascuntur in Dei filios renascantur." Ex hiis verbis
Augustini patet quod solummodo inter fideles commixtio utriusque
sexus causa prolis generande, ut ipsa generata regeneretur et in
25 adopcionem filiorum Dei transferatur inculpabilis est. Et bene utuntur
coniuges qui sic commiscentur malo concupiscencie et lege carnis legi
mentis repugnante, quia per illam et non propter illam commiscentur.
Unde idem *Contra Iulianum* ait: "Ideo quippe concubitus coniugalis qui
fit intencione generandi non est peccatum, quia bene utitur lege peccati,
30 id est concupiscencia, que est in membris repugnante legi mentis."
        19.   Qui autem concubitus coniugales habent culpam, sed
venialem, patere potest ex verbis Augustini in eodem libro, dicentis:
"Propter malum fornicacionis et adulterii vitandum quod illi concubitus
coniugum qui non fiunt causa generandi, sed meretricii concupiscencie

---

4 ruborem] rubrem *D*; rubore *C*   19 qua] quia *RVi*   24 generande] est *add.*
Tr   26 coniuges] coniungati *L*; coniungens *R*; coniungo *R₇*   34 meretricii] iudici *DL*

3 Hier. *Epist.* 54, 7   9 Cf. 1 Cor. 6:15–16 et 3:16–17   12 Locum Hieronimi non
potuimus invenire   17 Aug. *De poenitentia*, i.e., *Sermo* 351, 5   19 Aug. *De nupt. et
concup.* 1, 4, 5   19 Gal. 5:7   28 Aug. *Contra. Iulianum* 5, 16, 59   33 Aug. *Contra
Iulianum*

serviunt; in quibus coniugatis iubetur non fraudare invicem ne temptet eos Sathanas propter intemperanciam suam, non quod secundum imperium precipiuntur, sed secundum veniam conceduntur. Ubi autem venia danda est aliquid esse culpe nulla racione negabitur. Cum igitur culpabilis non sit intencione generandi concubitus qui proprie nupciis   5 inputandus est, quid secundum veniam concedit apostolus nisi quod coniuges dum se non continent debitum alterutrum carnis exposcunt non voluntate propaginis, sed libidinis voluptate, et tamen voluptas non propter nupcias cadit in culpam, sed propter nupcias accipit veniam. Quo circa etiam hinc sunt laudabiles nupcie, quia et illud quod non   10 pertinet ad se faciunt ignosci propter se. Neque etiam iste concubitus quo servitur concupiscencie sic agitur ut impediatur fetus quem postulant nupcie, sed tamen aliud est non concumbere nisi sola voluntate generandi, quod non habet culpam, aliud concubendo carnis appetere voluptatem. Sed non propter coniugem quod venialem habet culpam,   15 quia etsi non causa prolis propagande concubitur, non tamen huius libidinis causa propagacioni prolis obsistitur sive voto malo sive opere malo. Nam hoc qui faciunt quamvis vocentur coniuges non sunt nec ullam nupciarum retinent veritatem sed honestum nomen velande turpitudini obtendunt. Prorsus, si ambo tales sunt, coniuges non sunt; et   20 si ab inicio tales fuerunt, non sibi per connubium, sed per stuprum pocius convenerunt. Si autem non ambo sunt tales, audeo dicere aut illa quodammodo mariti meretrix, aut ille adulter uxoris.

20. Omnis autem concubitus coniugum cum intencione impediende prolis propagacionem, ut ex predicta auctoritate Augustini   25 patet, mortalis est, et similiter, omnis commixtio, metas et modum excedens nature. Unde Augustinus in libro *De bono coniugali* dicit: "Cum naturalis usus, quando prolabitur ultra pacta nupcialia, id est ultra propagandi necessitatem, venialis sit in uxore, in meretrice damnabilis; ille, qui est contra naturam, execrabiliter fit in meretrice,   30 sed execrabilius in uxore. Tantum valet ordinacio creatoris et ordo creature, ut in rebus ad utendum concessis, etiam cum modus excedatur, longe sit tollerabilius quam in ea que concessa non sunt, vel

8 voluptate] voluntate *RLcR₇*   non² *om. DL*   12 agitur] agi *TrD*; agi debet *Li*; *om.* *L*   16 propagande] procreande *LiRViLnLcR₇*   17 propagacioni] propagini *RVi*; propagacionis *LLnLcR₇*   19 velande] vel anime *Tr*; velandi *L*   22 sunt *om.* *Tr*   23 mariti] matre *R*; matri *Vi*; *om. LnLcR₇*   25 impediende] impediendi *CRVi*   26 mortalis] moralis *DLLiRViLnLcR₇*   commixtio] coniunnccio *RViLn-LcR₇*   29 necessitatem] auctoritatem *Vi*; auctoritatem vel *praem. R*   33 excedatur] excedat *Tr*

6 Cf. 1 Cor. 7:9   28 Aug. *De bono conj.* 11, 12

unus vel rarus excessus, et ideo in re concessa immoderacio coniugis, ne
in se non concessa libido prorumpat, tolleranda est. Hinc est enim quod
longe minus peccat quilibet assiduus ad uxorem quam vel rarissimus ad
fornicacionem. Cum vero membro mulieris non ad hoc concesso uti
5 voluerit, turpior est uxor, si in se, quam si in alia fieri permiserit."

[De septimo mandato]

1. Sequitur mandatum septimum: *Non furtum facies*. In quo
mandato prohibetur omnis usurpacio rei aliene, sive vi, sive clam, sive
fraude aliqua. Quod autem quis iure possidet alienum non est, sed
10 quicquid iniuste possidet alienum est, precipitur itaque ut aliena non
habemus. Cuius precepti transgressio primo ipsi transgredienti
dampnosa est, quia si penitet, oportet ut ablatum restituat, dum tamen
habeat unde restituat. Quo restituto, forte erit pauperior quam fuit
antequam alienum usurparet. Unde Augustinus: "Verum nunc, ut
15 nostri mores sunt et sceleris penam cupiunt sibi homines relaxari, et id
propter quod scelus admissum est possidere. Pessimum hominum genus
cui penitendi medicina omnino non prodest. Si enim res aliena propter
quam peccatum est cum reddi possit non redditur, non agitur penitencia, sed fingitur. Si autem veraciter agitur, non remittetur peccatum
20 nisi restituatur ablatum. Sed, ut dixi, cum restitui potest. Plerumque
enim qui aufert amittit, sive alios paciendo malos sive ipse male
vivendo, nec aliud habet unde restituat. Huic certe non possumus
dicere: 'Redde quod abstulisti', nisi cum habere credimus et negare. Ubi
quidem si aliquos sustinet repente cruciatus cum existimatur habere
25 quod reddat, nulla iniquitas est; quia, etsi non est unde luat ablatam
pecuniam, merito tamen dum eam per molestias corporales reddere
compellitur pro peccato quod male ablata est, luit penas. Sed
inhumanum non est etiam pro talibus intercedere tanquam pro reis
criminum, non ad hoc ut minime restituantur aliena, sed ne homo in

1 ne *om. R*   2 se] rem *Aug.*   concessa] concessam *Aug.*   3 quilibet] quamlibet
Aug.   5 permiserit] et cetera *add. RVi*   19 fingitur] fugitur *Tr*   20 restitui] non
add. TrD   24 cum] ut *RViLnLcR₇*   existimatur] estimatur *DLLn*   25 est¹ *om.*
RVi   27 pro] quia *Tr*   peccato] pecunia *DLi*   29–76:2 restituantur . . . et *om.*
L   29 ne] ut *LnLcR₇*

7 Cf. Grosseteste *Sermo* 31, fol. 346^C-D; *Sermo* 83, fol. 38^D; *Sermo* 86, fol.
347^D   Exod. 20:15   14 Aug. *Epist.* 153, 6, 20

hominem frustra seviat, ille presertim qui iam remisit culpam; sed querit pecuniam et fraudari metuit, non expetit vindicari."

2. Ex hiis verbis Augustini patet quod ablatum, si possit restitui, restituendum est, ut sic observata iusticia reddatur unicuique quod suum est. Oportet quoque ut pro iniuria quam fecit condignam adiciat   5
penitenciam, et sic nil accrevit raptori de temporali commodo, et multum accrevit de penitentie flagello. Si vero inpenitens decesserit, ignem gehenne sibi adquisivit. Aggravat etiam rapine peccatum, quod raptor non solum spoliat alium rei rapte substancia, sed insuper rei usu et utilitate. Insuper forte is cui res rapta aufertur deficientibus sibi rei   10
rapte utilitatibus penis defectuum earundem utilitatum affligitur. Qua-propter in lege veteri secundum multipliciorem rei ablate utilitatem ad multipliciorem tenebatur qui rapuit restauracionem. Unde in Exodo scriptum est: *Si quis furatus fuerit ovem aut bovem et occiderit vel vendiderit, quinque boves pro uno bove restituet, et quatuor oves pro una*   15
ove. Et in Parabolis scriptum est quod deprehensus in furto reddet quadruplum *et omnem substanciam domus sue tradet.*

3. Raptores autem in corpore humani generis ita sunt deformes, velut si membrum aliquod in humano corpore ceterorum membrorum sibi nutrimentum attraheret et incorporaret, et ex superfluo nutrimento   20
in turgentem molem enormiter grandesceret, aliis membris pre defectu nutrimenti surrepti nimia macie et gracilitate confectis, quia cum surripit quis alii sustentacioni huius vite necessaria et in suam transfert possessionem quasi alterius membri nutrimentum trahicit in suam incorporacionem.   25

4. Preterea, ita est de raptore qui alienum tenet in sua possess-ione, et de eo cui fit ablacio cuius est res ablata de iure, velut si due manus eandem rem tenerent, quarum altera esset fortissima a qua nulla vis rem quam tenet posset extorquere, et reliqua esset ita debilis quod violencie facili non posset resistere. Ius namque possidendi velut una   30
manus est qua res ablata tenetur ab ipso cui iniuste aufertur. Ipsa vero actualis possessio quasi manus altera est, qua res eadem detinetur quam de actu possidendi vis facilis potest eripere; sed a iure possidendi nulla vis potest habentem ius privare.

6 commodo] comedo *DC*   12 ablate] rapte *Tr*   12–13 rei . . . multipliciorem *om.*
R₇   13 Exodo] Eccesiastico *RVi*   16 reddet] reddat *RViLnLcR₇*   20 sibi *om.*
TrDL   20 nutrimentum . . . superfluo *om. L*   21 pre] pro *DLLnLcR₇*   22
surrepti *om. Tr*   23 transfert] transferat *RVi*   24 membri *om. Tr*   28 tenerent]
teneant *RVi*; tenant *Ln*; tenent *LcR₇*

14 Exod. 22:1   17 Prov. 6:31

5. Cum itaque manus fortior rem quam tenet de manu debili extorquere ceperit, debili retinere nitenti, non nisi vulnus cruentum remanebit; trahit autem manus fortior. Cum iusto Dei iudicio res inique possessa invito aufertur; quod nisi fiat in hac vita fiet per mortem in fine

5 huius vite, nec remanebit tenenti nisi mentis per tristiciam et condignas penas cruenta dilaceracio. Potest autem homo plerumque victui necess-aria nullo anime vel corporis periculo adquirere, et cum minori labore quam multociens adquiritur quid parvum rapina vel furto cum timore magno corporis plerumque et semper anime periculo. Unde magna est

10 talium mentium obcecacio que quod est vilius eligit adquirere labo-riosius et periculosius; qui, ut impleant parvam archam vilibus rebus, evacuant amplam conscienciam preciosis virtutibus; ut habeant quid parvum derelinquit Deum, qui solus potest et magnum et parvum cui vult, et quando vult dare, et cui vult, et quando vult auferre.

15 6. Preterea, iniuste adquisitum plerumque non habet successum quia, ut dicit poeta: "Non habet eventus sordida preda bonos." Et in Ecclesiastico scriptum est: *Qui edificat domum suam impendiis alienis, quasi qui colligat lapides suos in hieme.* Lapides namque hyemali tempore colligati non solent commanere, sed disiungi et in ruinam cito decidere.

20 In Amos quoque scriptum est: *Pro eo quod diripiebatis pauperem et predam electam tollebatis ab eo, domos quadro lapide edificabitis, et non habitabitis in eis; vineas amantissimas plantabitis, et non bibetis vinum earum.* Nec credat aliquis se posse de male adquisitis Deo munus acceptabile offerre, quia, sicut in Ecclesiastico scriptum est: *Qui offert*

25 *sacrificium de substancia pauperum, quasi qui victimat filium in conspectu patris.* Et iterum in eodem: *Immolantis ex iniquo oblacio est maculata, et non sunt beneplacite subsannationes iniustorum.* Nec speret aliquis de male adquisitis se ditatum iri, quia in Parabolis scriptum est: *Alii dividunt propria, et ditiores fiunt, alii rapiunt non sua, et semper in egestate sunt.*

30 7. Insuper sciant rerum alienarum raptores se esse pauperum a quibus rapiunt occisores, quia in Ecclesiastico scriptum est: *Panis egencium vita pauperis est; qui defraudat eum homo sanguinis est.* Insuper est et hominum comestor, unde et Ezechiel de principe raptore dicit: *Leo factus est; et didicit capere predam, hominesque comedere.*

---

4 invito] invite *RVi*; invicem *LnLcR₇*　　10 obcecacio] obortacio *D*; *lec. inc. L*　　17 impendiis] in stipendiis *Tr*　　23 credat] credit *Tr*　　28 ditatum iri] ditari *TrLi*; ditatum habere *L*; ditaturum *LnLcR₇*　　31 rapiunt] auferunt *RVi*

16 Ovidii *Amores* 1, 10.48　　17 Ecclus. 21:9　　20 Amos 5:11　　24 Ecclus. 34:24　　26 Ecclus. 34:21　　28 Prov. 11:24　　31 Ecclus. 34:25　　34 Ezech. 19:3

Michea quoque ostendit tales tam hominum comestores quam excoriatores, dicens ad eos: *Qui violenter tollitis pelles eorum desuper eos, et carnem eorum desuper ossibus eorum? Qui comederunt carnem populi mei, et pellem eorum desuper excoriaverunt, et ossa eorum confregerunt, et conciderunt sicut in lebete, et quasi carnem in medio olle.*   5
Talium quoque penam adiungit consequenter idem propheta, dicens: *Tunc clamabunt ad Dominum, et non exaudiet eos, et abscondet faciem suam ab eis in tempore illo, sicut nequiter egerunt in adinvencionibus suis.* Qui autem constituti in postestate subditos rapina opprimunt et calumpnia, cum ex officio teneantur eos ab oppressione eripere, et   10
contra opprimentes defendere, sunt sicut arcus pravus qui sagittam in sagittantem remittit, et sicut manus qui gladium in quo debet ferire adversarium retorquet in corpus proprium. In sublimitate namque constituti arma debent esse et defensio velut cuiusdam corporis congregacionis populi subditi; faciunt autem iniquitatem duplicem qui per   15
calumpniam res pauperum eripiunt quia rapinam forma iusticie palliant et velut immundam meretricem caste matrone vestibus induunt. Ad tales loquitur Amos, dicens: *Congregamini super montes Samarie, et videte insanias multas in medio eius, et calumpniam pacientes in penetralibus suis, et nescierunt facere recte, dicit Dominus Deus, thesauriz-*   20
antes iniquitatem et rapinam in edibus suis. Propterea hec dicit Dominus Deus: tribulabitur et circuietur terra; et detrahetur ex te fortitudo tua, et diripientur edes tue.

8. Negociatores autem qui fraudibus emptores decipiunt, res sophisticas, quarum vicia occultant carius iusto precio vendentes, in   25
huius precepti transgressionem incidunt. Illa namque precii portio qua res venalis carius venditur propter sophisticam apparenciam bonitatis que in ea non est, et occultacionem vicii que in ea est iniuste adquisita est; et est in hac adquisicione et detencione usurpacio rei aliene; unde et ipsi sunt infideles socii furum. Habet autem fraudulenta negociacio   30
multa que eam comitantur inconveniencia. Sequitur enim eam sine verecundia mendacium consuetudinarium periurium, cum deceperit exultacio et gaudium et deridere deceptum quo nichil est similius operibus demoniorum. Et cum ab emptoribus credantur deceptores, affligunt eos ante empcionem et rei empte experienciam stimulis timoris   35
ne decipiantur; et plerumque post rei empte experienciam defectibus utilitatum que in re empta putabantur, nec solum hii fraudatores sunt

12 et *om. TrD*   14 debent] deberent *RViLnLcR₇*   35 affligunt] fligunt *RVi*

2 Mic. 3:2   7 Mic. 3:4   18 Amos 3:9–11

mendaces ore, sed operibus et vendenda merce. Occultantes enim rei
vicia venalis et palliantes eam non existentis bonitatis apparencia, ipsa
viciorum occultacione et bonorum non existencium apparicione, dicunt
et quasi quibusdam vocibus clamant rem viciosam carere vicio et
5 carentem bonitate et refertam bono.

9. Cum autem tenebras querunt et tenebras parant, ut rerum
venalium vicia emptoribus occultent, quid aliud faciunt nisi societatem
ineunt cum fallacibus et lucifugis spiritibus, quibus est deputatus ad
inhabitandum locus inferior tenebrosus? Qui tenebras parat ut suam
10 fraudem occultet, iuste a luce arguetur suam fraudem manifestante et
que nosse desiderat sibi occultante. Fallax negociator quod nichil est
vendit quia bonum quod in re venali apparet et non est vendit.

10. Cum igitur omne quod est quantumcumque sit parvum,
incomparabiliter superet quod nichil est, maiorem videtur ementi
15 fecisse iniuriam quam si pro uno extorqueret ab eo quantum vis
numerose multiplicatam pecuniam; plus enim excedit omne aliquid
quicquid nichil est quam id quod maximum est in rebus finitis, id quod in
eis est minimum. Unde non inmerito tales Deo sunt abhominabiles.
Unde in Parabolis scriptum est: *Statera dolosa abhominacio est apud*
20 *Dominum, et pondus equum voluntas eius.* In Deuteronomio quoque
scriptum est: *Non habebis in seculo diversa pondera, maius et minus; nec*
erit in domo tua modius maior et minor. Pondus habebis iustum et
verum, et modius equalis et verus erit tibi: ut multo vivas tempore super
terram, quam Dominus Deus tuus dederit tibi. Abhominatur enim
25 *Dominus tuus eum qui facit hec, et adversatur omnem iniusticiam.* In
Michea quoque dicitur quod *mensura minor* est *ire plena*, hoc enim quo
minuitur mensura a quantitate iusta nimirum plenum est Dei vindicantis
ira. Unde in eodem propheta consequenter adiungitur: *Numquid ius-*
tificabo stateram impiam, et saccelli pondera dolosa? In quibus divites
30 *eius repleti sunt iniquitate, et habitantes in ea loquebantur mendacium, et*
lingua eorum fraudulenta in ore eorum. Et ego ergo cepi percutere te
perdicione super peccatis tuis. Tu comedes, et non saturaberis; et
humiliacio tua in medio tui; et apprehendes, et non salvabis; et quos
salveveris, in gladium dabo. Tu seminabis, et non metes; tu calcabis
35 *olivam, et non ungeris oleo; et mustum, et non bibes vinum.*

---

1 vendenda] vendicicia *LnLcR₇*   merce] mente *DL*; et in vendenda merce *add. L*   5
et *om. CRVi*   refertam] refectam *RVi*   7 occultent] occultentur *Tr*; occultant *Ln*;
occultantur *RViLcR₇*   9 Qui] quia *RVi*   10–11 et . . . occultante *om. Tr*   11
desiderat] desideret *RVi*   17 quam] quod *LcR₇*   24 dederit] dabit *Tr*   27 vindicantis]
iudicantis *Tr*; mendicantis *Vi*   35 et¹] calcabis *add. Tr*   vinum] et cetera *add. RVi*

19 Prov. 11:1   21 Deut. 25:13–16   26 Cf. Mic. 6:10   28 Mic. 6:11–15

[De octavo mandato]

1.   Mandatum octavum est hoc: *Non loqueris contra proximum tuum falsum testimonium*. Intelligendum est autem in hoc mandato etiam esse prohibitum ne quis contra seipsum dicat falsum testimonium, sicut supra patuit ex verbis Augustini in libro *De civitate Dei*, que 5 posuimus in exponendo mandatum de non occidendo. Mendacium quoque per hoc idem mandatum tollitur, quia qui loquitur verbo audibili oris sui de verbo interiori mentis sue testificatur. Unde cum verbum oris non consonat verbo cordis, contra cor suum fit mendax falsus testis. Unde Augustinus in libro *De mendacio* ait: "In ipso 10 decalogo scriptum est: *Falsum testimonium ne dicas*, quo genere complectitur omne mendacium; quisquis enim aliquid enunciat, testimonium perhibet animo suo." Sub iudice autem falsum testificari, aut contra seipsum aut contra proximum, est mortale peccatum, quia falsus testis iudicem fallit et ipsum iudicium, licet forte non ex parte 15 iudicantis, tamen ex parte eius cui iudicatum est, corruptum et iniquum efficit. Et per hoc, cum finis iudiciorum sit pax hominum adinvicem, qui iudicem fallit et iudicium corrumpit quantum in se est pacis federa disrumpit. Cum etiam iudices sint thronus Dei, in quibus Dominus sedens per eorum ora iudicia sua decernat, quid aliud facit falsus testis 20 iudicem decipiens, quam quantum in se est subtracto veritatis solidamento sedem Dei subruit? Preterea, quantum in se est falsus testis iusticie rectitudinem flectit et frangit et innocentem dampnat, aut nocentem obsolvit, qui merito penam sue inique voluntatis reportabit; quia, sicut dicit Augustinus: "Merito malus punitur affectus, etiam cui 25 non succedit effectus."

2.   Et sciendum quod si districte nomen testis accipiamus, non apud quoscumque loquimur falsum apud eosdem falsi testes sumus. Unde Augustinus in libro *De mendacio* ait: "Non apud quoscumque loquimur, testes sumus, sed apud eos, quibus expedit et debetur per nos 30 cognoscere et credere veritatem; sicuti est iudex, ne in iudicando erret; aut quid docetur doctrina religionis, ne erret in fide aut in ipsa doctoris

---

2 Mandatum] Sequitur *praem. Vi*   5 in libro *om. Tr*   10 ipso] libro *Tr*; libro *add.* D   12 complectitur] amplectitur *RViLnLcR₇*   21 subtracto] subtraccio *RVi*   27 districte] stricte *R*; districto *LcR₇*

2 Cf. Grosseteste *Sermo* 31, fol. 346ᴰ; *Sermo* 83, foll. 38ᴰ–39ᴬ, *Sermo* 86, fol. 347ᴰ   Exod. 20:16   5 Aug. *De civ. Dei* 1, 18 et 23; cf. supra V 2   10 Aug. *De mendacio* 5, 6   Cf. Exod. 20:1 et Deut. 5:20   25 Aug. *De civ. Dei* 16, 4   29 Aug. *De mendacio* 17, 36

auctoritate dubius fluctuet. Cum autem ille te interrogat aut vult aliquid nosse, qui eam rem querit, que non ad illum pertineat, aut quam ei nosse non expedit, non testem sed proditorem requirit. Itaque si ei mentiaris, a falso fortasse testimonio alienus eris, sed a mendacio
5   profecto non eris."

3.   Cum autem queque res quanto est sanctior, tanto eius corrupcio peior et corrumpenti criminosior, ex testimonii puri sanctitate liquere potest quanta testimonium falsum sit dignum dampnacione. Testimonium namque tam spiritale et sanctum est quod vendi neque-
10   quam potest. Unde Augustinus: "Non ideo debet iudex vendere iustum iudicium aut testis verum testimonium, quia vendit advocatus iustum patrocinium et iurisperitus verum consilium. Illi vero inter utramque partem examini adhibentur, isti ex una parte consistunt. Cum autem iudicia et testimonia que nec iusta et vera vendenda sunt, iniqua et falsa
15   venduntur, multo sceleracius pecunia sumitur, quia scelerate etiam quamvis a volentibus datur. Et merito inviolabile debet esse testimonium, cum sit iudicii rectificacio veritatis illustracio iusticie et pacis stabilimentum et conversacio.

4.   In lege veteri punita est talione falsitas testimonii. Unde in
20   Deuteronomio scriptum est: *Si testis mendax contra hominem, accusans eum prevaricacionis, stabunt ambo, quorum causa est, ante Dominum in conspectu sacerdotum et iudicum qui fuerint in diebus illis. Cumque diligentissime perscrutantes, invenerint falsum testem dixisse contra fratrem suum mendacium; reddent ei sicut fratri suo facere cogitavit, et auferes*
25   *malum de medio tui; ut audientes ceteri timorem habeant, et nequaquam audeant talia facere. Non misereberis eius, sed animam pro anima, oculum pro oculo, dentem pro dente, manum pro manu, pedem pro pede.* Considerent etiam falsi testes quod inter *sex que odit Dominus* cum septimo quod *detestatur anima eius*, sexto loco testis fallax annueratur.

30   5.   Recolat quoque quod ipse qui nunc est testis sub homine iudice, qui non potest intueri cor sed solum id quod extra depromitur, stabit quandoque iudicandus sub Deo iudice, qui iudicabit occulta cordium et manifestabit abscondita tenebrarum, quem nil latet, nulla vis superat, nullus timor terret, nulle corrumpunt blandicie, nulle flectunt
35   ab equitate miserie qui simul iudicis et testis fungetur officio, cum non habeat necesse aliquid occultum edoceri ab alio.

9 sanctum] sanum *TrD*   13 examini] examina *D*; examen *Aug.*   14 iniqua] in qua *Tr*   31 depromitur] deprimitur *Tr*   35 equitate] iniquitate *TrD*

10 Aug. *Epist.* 153, 4, 23   20 Deut. 19:16–21   28 Cf. Prov. 6:16   31 Cf. 1 Reg. 16:7   32 Cf. 1 Cor. 4:5 et 14:25

6. Ut autem supradictum est, hoc precepto tollitur mentiendi permissio. Verumptamen non omne mendacium est criminaliter dampnandum, sed tamen quodlibet mendacium est criminale vel veniale peccatum. Unde Augustinus in libro *De mendacio* ait: "Quisquis autem aliquod esse genus mendacii quod peccatum non sit putaverit, decipiet   5 seipsum turpiter, cum honestum se deceptorem arbitretur aliorum." Item in libro *Contra mendacium* idem ait: "Quisquis dicit pro periclinantis hominis temporali salute vel vita esse menciendum, nimis ipse ab itinere exorbitat eterne salutis et vite." Item in eodem: "Filiis superne Ierusalem et sancte civitatis eterne si quando obrepit qualecumque   10 mendacium, poscunt humiliter veniam, non inde querunt insuper gloriam." Et merito omne mendacium aliquid habet saltem venialis macule, quia rugam habet duplicitatis, cum dissonet sermo cordis et oris. Habet etiam abnegacionem veritatis et imitacionem diaboli qui primus fuit fictor mendacii. Utitur etiam mendax sermone non ad finem   15 rectum et debitum, propter quem habemus sermonis usum. Sermo enim ideo homini concessus est ut per sermonem audientis illuminet luce veritatis aspectum, aut accendat fervore caritatis affectum, a quo fine distorquetur cum fallere intendat mendacium. Et, ut dicit Augustinus, omne quod non recto fine fit, peccatum est.   20

7. Preterea, teste Augustino, verba sonancia sunt sicut quedam vasa quibus debet deferri ad aures et intelligenciam audiencium, sicut quidam cibus anime et potus, aliquis verus et utilis intellectus. Igitur qui ociosa loquuntur, sive falsa, sunt sicut ministri qui in domo patrisfamilias coram recumbentibus deferunt vasa vacua. Qui autem   25 immunda loquuntur et nociva, sunt sicut qui loco cibariorum et potuum in vasis deferunt sordes et venena. Viri quoque mendaces prestigiatoribus sunt similes, quia sicut hii oculo corporis apparere faciunt vel de albo nigrum, vel de mortuo vivum, vel de non-moto motum, sic mendaces oculo mentis de falso faciunt videri verum, cum non minus   30 distet verum a falso quam album a nigro. Preciosiorque sit intelligencia veri quam visio albi vel nigri, et sensus interioris quam exterioris sit peior decepcio.

8. Mendax quoque labium sordium viciorum fit pallium et coop-

2–3 criminaliter . . . est *om. L*   3 quodlibet] omne *R*   7 pro] quod *LVi*   7–8 periclinantis] predicantis *Tr*; periclitantis *Li*   24 sunt] sint *RVi*   34 fit] sit *DR*

4 Aug. *De mendacio* 21, 42   7 Aug. *Contra mendacium* 19, 39   9 Aug. *Contra mendacium* 16, 33   19 Cf. Aug. *Contra Iulianum* 4, 3   21 Locum Augustini non potuimus invenire.

erimentum. Unde Salomon: *Abscondunt odium labia medacia.* Viri
mendaces menciendi assiduitate tollunt veridicis prestande fidei auctoritatem. Unde Ieronimus: "Mendaces faciunt ut nec vera dicentibus
credatur." Horum igitur prava consuetudo induxit primo incre-
5 dulitatem, et ex hoc iurandi necessitatem et ex necessitate iurandi
consuetudinem, et ex consuetudine iurandi vicium periurii. De mendacii
quoque turpitudine dicit Augustinus *Super Iohannem*: "Qui mendacium
edificant in hominibus, quid ab eis expellunt, nisi veritatem? Immittunt
diabolum, excludunt Christum; immittunt adulterum, excludunt spon-
10 sum, paranymphi scilicet, vel pocius lenones serpentis. Ad hoc enim
loquuntur ut serpens possideat, Christus excludatur. Quomodo possidet
serpens? Quando possidet mendacium. Quando possidet falsitas,
serpens possidet; quando possidet veritas, Christus possidet. Ipse enim
dixit: *Ego sum veritas*; de illo autem dixit: *In veritatem non stetit, quia*
15 *veritas non est in eo.*" Anselmus quoque dixit: "Non potest velle mentiri
voluntas nisi in qua corrupta est veritas; immo que deserendo veritatem
corrupta est." Merito igitur cum iam dictis et aliis consimilibus vel
maioribus que dici possent dilucidius et gravius corrumpatur mencientis
animus, nulla racione vel compensacione vel alicuius aliqua utilitate est
20 menciendum. Pene autem que consequuntur menciendi culpam in sacris
litteris satis copiose enumerantur, ut est illud in libro Sapiencie: *Os*
quod mentitur occidit animam. Et merito, quia deserit vitam suam,
scilicet veritatem, et illud quod in Psalmo scriptum est: *Perdes omnes*
qui loquuntur mendacium. In Ecclesiastico quoque mendax et fur
25 coniunctam habent penam, scilicet perdicionem; sic enim ibidem scriptum est: *Pocior fur quam assiduitas viri mendacis; perdicionem autem*
ambo hereditabunt.

9. Carent quoque mendaces honore, replentur confusione
immemores erunt sapiencie, in cuius solius fruicione est iocunditas vite
30 eterne. Unde in Ecclesiastico scriptum est: *Mores hominum mendacium*
sine honore, et confusio illius cum ipso sine intermissione. Item in
eodem: *Viri mendaces non erunt illius*, id est sapiencie, *memores; et viri*
veraces invenientur in illa, et successum habebunt usque ad inspeccionem
Dei. Ad hec, qui mentitur se scire quod nescit, vel posse quod non

2 prestande] prestantem *Tr*   10 lenones] leones *Tr*   23 scriptum] dictum *Tr*   34
Ad hec] Adhuc *DLi*

1 Prov. 10:18   3 Locum Hieronimi non potuimus invenire   7 Aug. *Tract. in Ioan.*
8, 5.25–34   14 Ioan. 14:6   Ioan. 8:44   15 Anselmi *Cur Deus homo* 1, 12   21
Sap. 1:11   23 Ps. 5:7   26 Ecclus. 20:27   30 Ecclus. 20:28   32 Ecclus. 15:8

potest, vel fecisse bonum quod non fecit, eo ipso meretur numquam illud scire vel posse. Unde Augustinus: "Non erubescendum est homini confiteri se nescire quod nescit, ne dum se scire mentitur numquam scire mereatur."

10.   Preterea, mendaces nolunt convinci quod falsi sunt, sed sicut   5
dicit Augustinus in libro *Confessionum*, amant veritatem lucentem, "oderunt eam redarguentem. Quia enim falli nolunt et fallere nolunt, amant eam cum seipsa indicat, et oderunt eam cum eos ipsos indicat. Inde retribuit eis ut, qui se ab ea manifestari nolunt, et eos nolentes manifestet et eis ipsa non sit manifesta. Sic, sic, animus humanus, sic   10
cecus et languidus, turpis atque indecens latere vult, se autem ut lateat aliquid non vult. Contra illi redditur ut ipse non lateat veritatem, ipsum autem veritas lateat." Quam autem latum malum sit mendacium, ex eo patet quod, sicut dicit Augustinus in libro *De civitate Dei*: "Non frustra dici potest omne peccatum esse mendacium. Non enim fit peccatum nisi   15
ea voluntate qua volumus ut bene sit nobis, vel nolumus ut male sit nobis. Ergo mendacium est quod, cum fiat ut bene sit nobis, hinc pocius male est nobis, vel cum fiat ut melius sit nobis, hic pocius peius est nobis."

[De mandatis nono et decimo]   20

1.   Nonum mandatum, quod est de non concupiscenda uxore alterius, et decimum mandatum, quod est de non concupiscendis rebus alterius, sub hiis verbis coniuncta sunt: *Non concupisces domum proximi tui, non desiderabis uxorem eius, non servum, non ancillam, non bovem,*   25
non asinum, nec omnia que illius sunt. Secundum huius littere ordinem, non preordinatum est mandatum de non concupiscenda uxore proximi mandato de non concupiscendis rebus proximi, sed eiusdem mandati medio insertum. In Greca autem translacione preordinatum est mandatum de non concupiscenda aliena uxore. Sic enim ibidem scriptum   30

2 Augustinus: "Non *om. D*   3 numquam] se *add. RViR₇*   10 sic² *om. LR*   11 cecus] secus *TrLVi*   indecens] indicens *RVi*   12 Contra] ita *Li*   illi] illa *TrD*; illum *L*   16 volumus] volimus *Tr*   nolumus] nolimus *Tr*   22 concupiscendis] concupiscendo *LcR₇*   30 Sic] Sicut *Tr*

2 Aug. *Epist.* 190, 5, 16   7 Aug. *Conf.* 10, 23   14 Aug. *De civ. Dei* 14, 4   23 Exod. 20:17

est: *Non desiderabis uxorem proximi tui, neque ancillam ipsius, neque bovem ipsius neque subiugalem ipsius, neque omne iumentum ipsius neque omnia que proximi tui sunt.* Ex huius itaque ordine littere, patet quod nono loco ordinatum est mandatum de non concupiscenda uxore
5 aliena. In sexto itaque et septimo mandato prohibiti sunt actus mechie et usurpacionis rei aliene. In nono autem et decimo prohibite sunt ad eosdem perpetrandos illicite concupiscencie.

2. Sciendum autem duplicem esse concupiscenciam vel appetitum. Una namque est concupiscencia que dicitur carnis, et altera
10 que dicitur spiritus. Unde apostolus ad Ephesios ait: *Caro concupiscit adversus spiritum: spiritus autem adversus carnem. Hec enim sibi invicem adversantur.* Illa itaque concupiscencia que dicitur carnis est appetitus situs in parte anime sensuali, qui nos, ut testatur Augustinus, "sive consentientes mente sive repugnantes inpellit ad dilectacionem
15 voluptatis in senciendo vel sciendo vel dominando, et hec concupiscencia dicitur lex membrorum et lex peccati et tyrannus carnis et peccati fomes. Hec in nondum renatis est culpa. In renatis autem et caritate informatis est originalis peccati sola pena. Hec non est in nostra potestate quin insurgat, velimus nolimus, etiam contra racionis
20 imperium. Hec non est in natura hominis a Deo conditore creata, sed de primo primi hominis peccato nata." Unde Augustinus in libro *De nupciis et concupiscencia* ait: "Pudenda concupiscencia nulla esset, nisi homo ante peccasset." Item in eodem libro: "De peccato natus est morbus iste, videlicet morbus concupiscencie, non de connubio." Item
25 in eodem: "In fornicacione et adulterio de Domino libido dampnatur, in coniugio de pedisequo tali honestas verecundatur. Non est igitur hec libido nupciarum bonum, sed generancium necessitas, obscenitas peccancium, lasciviarum ardor, nupciarum pudor." Item in libro *Yponosticon* Augustinus, respondens Pelagianis, ait: "Respondemus libidinem
30 non esse naturale bonum, sed peccato primorum hominum accedens malum atque pudendum, cuius non Deus auctor est, sed diabolus." Item in eodem: "Rogo, erubescite, unde prothoplasti post peccatum erubuerunt, quorum et ipsi peccatores sumus filii; et credite malum ex diabolo, non bonum a Deo, esse libidinem. Quam apostolus legem, hoc

---

14 repugnantes] mente add. LnLcR₇   23 Item] idem add. RViLnLcR₇   24
concupiscencie] et add. R; add. sup. lin, Vi   30 accedens] accidens DAug.

1 Exod. 20:17   10 Recte: Galat. 5:17   14 Aug. *Contra Iulianum* 4, 65   20 Aug.
De nupt. et concup. 1, 1, 1   23 Aug. *De nupt. et concup.* 1, 5, 6   25 Aug. *De nupt. et concup.* 1, 12, 13   29 Ps.-Aug. *Hypomnesticon* 4, 1, 1   32 Ps.-Aug. *Hypomnesticon* 4, 4

est, malum consuetudinem nominat, et esse dicit in membris contrariam legi mentis, ne obediatur legi Dei."

3.   Hiis auctoritatibus satis liquet concupiscenciam carnis non esse a Deo naturam creatam, sed malum accedens defectu boni et irato Deo fraudifero flatu venenosi serpentis, id est diaboli, per serpentem peccatum persuadentis, inflictum. Unde, ut dictum est, cum in non regeneratis sit culpa et pena, in regeneratis est solummodo pena, quando illi non consentitur mente ad illicita. Unde Augustinus in libro *De nupciis et concupiscencia*: "Nam illa," inquit, "concupiscencia iam non est peccatum in regeneratis, quando illi ad illicita opera non consentitur, atque ut ea perpetrent a regina mente membra non dantur, ut si non fit quod scriptum est: *Non concupiscas*, fiat saltem quod alibi legitur: *post concupiscencias tuas non eas*." Quod autem nobis invitis ebullit concupiscencia carnis contra imperium racionis testatur apostolus cum dicit: *Non enim quod volo bonum hoc ago, sed quod nolo malum hoc facio*. Non enim vult concupiscere, et tamen nolens et invitus concupiscit. Bonum igitur quod vult agere est non concupiscere, et tamen hoc non agit, quia concupiscit. Et hoc, scilicet concupiscere, est malum quod agit, nolens et odiens illud.

4.   Hec concupiscencia dum vivitur in hac carne moribunda semper potest iuvante gracia bonorum exercicio et carnis maceracione minui. In paucis tamen aut nullis contingit eam in hac vita ita ut penitus nulla sit omnino finiri. Unde Augustinus, libro secundo *Contra Iulianum*, ait: "Et si nobis ad meliora proficientibus magis magisque minuuntur," carnales concupiscencie, "tamen dum hic vivitur, esse non desinunt. Discedente hinc anima pia peribunt, in resurgente corpore non redibunt." Hanc itaque concupiscenciam fortiter debellare et debellando magis magisque imminuere nec ei mente ad opera illicita consentire, gloriosam habet de ipsius concupiscencie rebellione victoriam et de victoria coronam. Unde Augustinus in libro tertio *Contra Iulianum* ait: "Post peccatum accessit hominibus non de felicitate, sed de necessitate certamen, ut suo bono pugnent etiam ipsi contra concupiscencie malum, ad nichil eam sinentes illicitum pervenire." Item idem, contra eundem, libro quarto: "In sanctis virginibus et continentibus

---

6 non *om. D*   7 regeneratis[1]] generatis *LnLcR₇*   12 fit] sit *DR₇*   22 In] non *RViLnLcR₇*   25 carnales] capitales *L*   26 peribunt] et *add. RLnLcR₇*   32 ipsi] ipse *LAug.*   33 sinentes] sicientes *D*; sinientes *R₇*

9 Aug. *De nupt. et concup.* 1, 23, 25   12 Exod. 20:17   13 Ecclus. 18:30   15 Rom. 7:15   24 Aug. *Contra Iulianum* 2, 3, 7   31 Aug. *Contra Iulianum* 3, 16, 30   34 Aug. *Contra Iulianum* 4, 2, 9

carnis concupiscencia malum se esse manifestat, contra quam gloriosa
exercent certamina." Item in libro quinto contra eundem, ait: "Adhuc
non evigilas ut intelligas nostram non esse naturam sed vicium contra
quod virtute pugnamus? Neque enim bono bonum sed bono utique
5   malum vincimus. Considera cum quo vincit, cum quo vincitur. Quando
enim libido vincit, vincit et diabolus; et quando libido vincitur, vincitur
et diabolus. Quem vincit ergo diabolus et a quo vincitur, hostis eius est:
cum quo autem vincit et vincitur, auctor eius est."

5.   Hec quoque concupiscencia carnis est sicut inimicus domesticus
10 et familiaris militans in castris nostris, simulans nobiscum amiciciam et
veram exercens inimiciciam. Propterea, contra ipsam necessaria est et
prudencia maior et fortitudo vegetior et temperancia moderacior et
iusticia districtior et debellacio infatigacior. Simulque attendendum
quod nec in paradiso fuisset nisi homo peccasset, nec erit in celo ubi erit
15 perfecta immunitas a peccato, ut ex hac consideracione odiatur plenius
et debelletur animosius. Nec dandum est huic concupiscencie volup-
tuosa que expetit, quia ipse est sicut acerbissimus tortor et violentiss-
imus exactor, cui quanto magis damus quod expetit tanto magis de
nostro dono vires assumit, et acerbius insurgit, et forcius opprimit, et
20 magis expetit; et quanto de nostro contra nos plus virium assumit, tanto
nos ad resistendum ei debiliores relinquit. Hec est illa meretrix, de qua
dicit Salomon: *Favus distillans labia meretricis et nitidius oleo guttur eius.
Novissima autem eius amara quasi absinthium et acuta quasi gladius
biceps.*

25 6.   Hanc concupiscenciam excitare potes cum vis, sed non
excitatam cum vis extinguere. Unde Augustinus in libro sexto *Musice*
ait: "Non ita carnales motus, ut cum libet exerit, ita etiam cum libet
extinguit. Non enim sicut peccatum in potestate eius est, ita etiam pena
peccati. Magna quippe res est anima nec ad opprimendos lascivos motus
30 suos ydonea sibi remanet. Valencior enim peccat, et post peccatum
divina lege facta imbecillior, minus potens est auferre quod fecit."
Propter huiusmodi igitur non excitanda est, nec fovenda, sed omnibus
viribus debellanda armis spiritalibus, qualia sunt eiusdem concupiscencie odium, gemitus, dolor lacrime, carnis maceracio in ieiunio et cinere
35 et cilicio, devota oracio et mentis in Deum suspensio, et ut nichil

---

3 ut] non *add. Tr*   8 quo *om. TrD*   auctor] hostis *Tr*   20 magis] ac magis *add.*
LiRViLnLcR₇   27 exerit] exciet *Tr*; exserit *Aug.*   34–35 cinere et cilicio *tr.*
Do   35 cilicio] et *add. HfDoCRVi*

2 Aug. *Contra Iulianum* 5, 7, 28   22 Prov. 5:3   27 Aug. *De musica* 6, 5, 14

propter hanc exsaturandam faciamus, licet non nisi per hanc pleraque
facere possimus que huius vite mortalis expetit necessitas.

7.   Altera autem concupiscencia, que dicitur concupiscencia spiritus, voluntas est sive appetitus, situs in parte anime racionali, qui
appetitus, cum ordinatus est, virtus est; cum autem inordinatus est,   5
cupiditas est. Ordinatus autem est cum diligit creatorem propter se, et
creaturas non diligit nisi propter creatorem. Inordinatus autem est cum
propter se amatur creatura et tunc, ut dictum est, cupiditas est. Cum
autem ordinatus est, caritas est. Unde Augustinus in libro nono *De
trinitate* ait: "Nemo aliquid volens facit quod non in corde suo prius   10
dixerit. Quod verbum amore concipitur, sive creature sive creatoris, id
est aut nature mutabilis aut incommutabilis veritatis. Ergo aut
cupiditate aut caritate, non quo non sit amanda creatura; sed si ad
creatorem referatur ille amor, non iam cupiditas sed caritas erit. Tunc
enim est cupiditas, cum propter se amatur creatura. Tunc non utentem   15
adiuvat, sed fruentem corrumpit." Item, in libro *Unde malum* ait
Augustinus culpabilem illam cupiditatem, "que libido etiam nominatur,
esse earum rerum amorem quas potest quisque invitus amittere."

8.   Cum igitur hac cupiditate in mente racionali sita cupiuntur ea
que lex divina prohibet, cupiditas criminalis est. Hec igitur cupiditas   20
criminalis omnino prohibetur in duobus ultimis mandatis decalogi. In
nostra enim potestate est, coadiuvante nobis divina gracia, ut ista
criminalis cupiditas in nobis omnino non sit.

9.   Prohibetur quoque in eisdem duobus mandatis ultimis et illa
carnis concupiscencia, de qua superius dictum est. Non tamen sic   25
prohibetur nobis ne concupiscamus concupiscencia carnis, quasi possumus in hac vita omnino non concupiscere, sed hoc intendit illa
prohibicio de non concupiscendo ut continue simus eandem carnis
concupiscenciam mortificantes et diminuentes; et hoc eam minuendo
efficentes ut, discedente anima de corpore, eadem concupiscencia   30
pereat et in resurgente corpore non resurgat. Sicut enim in precepto est
ut diligamus Deum *ex toto corde, ex tota anima, et ex tota mente*, et ex
omnibus viribus, et tamen secundum Augustinum, hoc in hac vita non

---

1 exsaturandam] saturandam *Tr*; exsaturanda *LcR₇*   pleraque] pluram *Do*; plurima-
que *R*   4 racionali] racionalis *Tr*   5 ordinatus] racionalis *Tr*   9 est² *om. D*   13
quo] quod *TrLiL*   14 referatur *om. HfDCRViLnLcR₇*   18 quisque] quilibet
Aug.   19 sita] si ita *Tr*   26 ne] non *add. RVi*   28 simus] possimus *Tr*   30–31
eadem . . . corpore *om. L*   31 resurgente] surgente *Tr*

---

10 Aug. *De trin.* 9, 8, 12–13   17 Aug. *Unde malum* (i.e., *De libero arbitrio* 1) 4, 9,
31   32 Marc. 12:30

completur, sed in futura vita perficietur; sic in precepto est ut carnis concupiscencia rebellante contra spiritum non concupiscamus, licet non hic, sed in futuro hoc adimplere valeamus. Nec summus precepti transgressores, licet quod preceptum est hic non plene perficiatur, dum
5 tamen hoc continue simus agentes, ut precepti complemento magis magisque accedamus, hinc videlicet dileccionem Dei continue augmentando, illinc concupiscenciam carnis continue minuendo, ut tandem perfecta sit in nobis Dei dileccio et carnis concupiscencia nulla sit omnino. Sicut enim ille cui preceptum est edificare domum est factor
10 precepti et non transgressor, si continue persistit in edificando licet diuturna pertranseant tempora antequam edificium consummetur; sic non est transgressor mandati cui preceptum est Deum se toto corde diligere et non concupiscere. Si hoc, licet longis temporibus efficiat ut hinc per dileccionis augmentum, et illinc per concupiscencie decre-
15 mentum, proficiens tandem hoc compleat ut Deum se toto diligat et nichil carnaliter omnino concupiscat.

10. Est autem cupiditas, de qua supradictum est, quod ipsa est amor creaturarum non propter Deum, sed propter ipsas, ut ipsis videlicet fruatur summopere cavenda, quia ipsa deformat animam per assimi-
20 lacionem eius cum hiis que ad fruendum amat, similitudinem conditoris in ea decolorans, et in bestiales similitudines eandem configurans. Cum enim habet anima cupiditates bestialibus cupiditatibus consimiles, ex parte ea comparatur in mentis *insipientibus et similis factus est illis*. In superba namque de se confidencia gerit faciem leoninam; in dolositate,
25 vulpinam; in iracundia et libidine mordendi detraccione mordaci, caninam; in ardore luxurie, hircinam; in voracitate gule, porcinam; et sic per ceteros bestiales affectus bestialibus deformatur configuracionibus; et quot habet similis bestiales cupiditates, tot habet quasi in uno corpore confusas bestiales facies, sicque fit horrende monstruosa que si
30 puro amore creatori adhereret renovata ad ymaginem eius inexplicabiliter esse formosa. Cupiditas quoque rerum temporalium ipsas res concupitas anime cupienti radicitus infigit; alioquin non esset in earum amissione dolor. Quod enim alii concretum non est, sine illius

---

6 hinc] hunc *Tr*; hanc *LnLcR₇*   Dei] in Deum *LiLRLnLcR₇*   19 fruatur] fruantur *Ln*; fruamur *LcR₇*   summopere] summo opere *HfLRViLnLcR₇*   21 eandem] eam *Tr*; similitudinem *add. L*   22 cupiditatibus] similitudinibus *LnLcR₇*   23 similis] similes *RVi*   24 superba] superbia *TrDLLn*; superna *LcR₇*   27–8 affectus ... bestiales *om. L*   deformatur ... bestiales *om. R*   28 similis] simul *D*; sub *LcR₇*   cupiditates] concupiscencias *LnLcR₇*   31 esse] esset *LiRViLnLcR₇*   32 concupitas] cupitas *TrLiLn*; cupiditas *LcR₇*

23 Ps. 48:13   30 Cf. Grosseteste *Hex.* 8, 11, 6

dilaceracione et vulnere avelli potest. Non solum est igitur anima cupida per conformitatem cum bestiis turpis et monstruosa, sed etiam per rerum illicite concupitarum sibi non connaturalium concrecionem turgida et gibbosa. Nec potest cum timore tali ingredi per angustam portam et artam viam que ducit ad vitam, nec per hostium humile, quod 5 est Christus. In hiis autem rebus temporalibus non appetitur a suis dilectoribus nisi felicitas que in eis vera non est, sed vere felicitatis umbra quedam longinqua est. Concupitor ergo rerum temporalium similis est intranti pomerium ut carpat et comedat fructum pomorum, sed statim deflectit oculum ad pomorum inanes umbras dimissas super 10 urticas et tribulos et spinas, et umbris illis toto corpore se applicans, ore et manibus in umbris pro pomis mandit, et carpit urentes urticas et pungentes tribulos et spinas.

11.   Econtrario autem, amor ordinatus, qui virtus est et caritas, summopere expetendus. Ipse namque est in creaturis optimus, nec 15 aliunde dicitur vel est racionalis creatura bona nisi ex amoris ordine. Propter hoc amoris ordo ipsa racionalis creature bonitas est, excelsior-que est amor quam sciencia, sicut ille ordo angelicus qui dicitur seraphin, quod interpretatur 'incendens' vel 'incensum', excelsior est ordine angelico qui dicitur cherubin, quod interpretatur 'sciencie 20 plenitudo'. Amor quoque ordinatus est qui renovat animam et reformat ad ymaginem et similitudinem creatoris sui, summe videlicet pul-critudinis. Hic est ignis consumens rubiginem viciorum, segregans etherogenia rerum infimarum cupiditate turpiter anime concretarum, eamque recolligens a dispersione et dissimilitudine in integritatem et 25 concordem similitudinem. Hic amor est res suavissima, quia nulla nisi per amorem fiunt suavia, et sine illo omnia sunt amara; per hunc fiunt difficillima facilia, et gravissima levia. Ipse namque est iugum Domini suave et onus eius leve, qui, si non possit dum hic vivitur penitus esse mundus, sit saltem per penitenciam rectus. Sicut enim dicit Augustinus: 30 "Interest inter rectum corde et mundum corde. Nam et rectus corde in

---

9 carpat et *om. Tr*   10 sed *om. Tr*   15 summopere] summo opere *HfRViLn-LcR₇*   17–18 excelciorque] excelcior quia *Tr*   18 sciencia] quia *add. Tr*   19 quod] quo *LR*   incendens] inscendens *Tr*; indicens *D*   22 similitudinem] conditoris et *add. R; add. i.m. Vi*   sui *om. CRViR₇*   23 viciorum *om. CRVi*; peccatorum *R₇*   24 cupiditate] cupite *RVi*   27 amara] et *add. Tr*   28 namque] enim *L*; itaque *LcR₇*   29 si] fieri *RVi*

4 Cf. Matth. 7:14 et Ioan. 10:7   19 Cf. Isid. *Etym.* 7, 5, 24   20 Cf. Isid. *Etym.* 7, 5, 22   21 Cf. Grosseteste *Hex.* 8, 11, 6   28 Cf. Matth. 11:30   31 Aug. *De perfectione iustitiae hominis* 15, 36

ea que ante sunt extenditur ea que recto sunt obliviscens, ut recto cursu, id est recta fide atque intencione, perveniat, ubi habitet mundus corde. Sicut illa singula reddenda sunt singulis, ubi dictum est: *Quis ascendet in montem Domini? Aut quis stabit in loco sancto eius? Innocens manibus*
5 *et mundus corde.* Innocens manibus ascendet et mundus corde stabit; illud in opere est, illud in fine."

12. Hec autem septem mandata ultima, que scripta erant in secunda tabula, pertinent, ut dictum est, ad dileccionem proximi, qua proximum sicut nos diligere debemus. Ex dileccione autem proximi
10 sequitur ut velimus ei prodesse et in nullo obesse. Ut autem proximis benefaciamus, insinuatur in primo istorum septem preceptorum quod est de honorando parentes. Propinquissima namque propinquitate coniuncti sunt nobis parentes nostri; ideoque illis maxime et primo tenemur beneficiis prodesse. Unde per partem beneficencie precipuam
15 dat intelligere ceteras beneficencie partes. In sequentibus vero sex mandatis preceptum est nobis nostris proximis non nocere. Quod si observaverimus, nullum ledemus in eius substancia neque in eius possessione, nec insurgemus ad ledendum vel verbo vel opere vel voluntate. Substancia autem hominis aut est ea que integraliter constat
20 ex corpore eius et anima, aut est per sacramentum ei adnexa, sicut uxor, que cum viro est corpus unum *et sunt duo in carne una.* Cum ergo dicitur: *Non occides*, prohibetur ne ledamus proximum opere vel voluntate in eius substancia propria. Cum vero dicitur: *Non mechaberis*, prohibetur ne ledamus proximum in substancia virtute sacramenti sibi
25 adiuncta, hoc est uxore. In precepto vero de non faciendo furtum, prohibemur ledere proximum opere in sua possessione. In precepto autem de non testificando falsum contra proximos, prohibemur ledere proximos verbo tam in substancia propria et adiuncta quam in sua possessione. Preceptum vero de non concupiscenda uxore aliena
30 prohibet ledere proximum voluntate in adnexa sibi substancia. Ultimum vero preceptum de non concupiscenda re aliena prohibet ledere proximum voluntate in sua possessione. Et ita in hiis sex mandatis ultimis prohibemur ledere proximos quocumque genere lesionis. Omne namque genus lesionis exprimitur evidenter in istis sex mandatis.

3 singulis] angelis *L*   4–5 stabit . . . corde *om. R₇*   6 illud] istud *Tr*   17 nullum] nulli *Tr*   24 prohibetur] prohibemur *Tr*

3 Ps. 23:3   21 Gen. 2:24   22 Exod. 20:13   23 Exod. 20:14

COLOPHON

Explicit Lincolniensis de .x. preceptis LcR_7
Explicit tractatus de mandatis secundum lincolniensem episcopum nomine Grosthed Ln
Explicit tractatus domini Lincolniensis de 10 mandatis Li
Explicit summa X mandatorum D
Explicit libellus domini Roberti Lincolniensis de 10 preceptis decalogi. Deo gratias. Do
Expliciunt mandata Lincolniensis RVi
Explicit tractatus de mandatis secundum Lincolniensis episcopum nomine Grosthed Lu

BIBLIOGRAPHY

MANUSCRIPT SOURCES

Aristoteles
   De animalibus, tr. Michael Scot, Cambridge, Gonville and Caius College MS 109/78
Robertus Grosseteste
   Commentarius in epistolam ad Galatas. Oxford, Magdalen College MS lat. 57
   De decem mandatis. Cambridge, Trinity College MS B.14.36
   Glossae in I ad Corinthios. In Thomas Gascoigne's *De veritate*, Lincoln College,
   Oxford, MSS lat. 117 (I) and lat. 118 (II)
   Hexaëmeron. Oxford, Bodleian MS lat. th. c. 17
   Sermo 6: 'Qui manet in caritate'. Durham Cathedral MS A. III. 12
   Sermo 30: 'Exit edictum'. British Library MS Royal VII F 2
   Sermo 7: 'Scriptum est de levitis'. British Library MS Royal 7. E. 2
   Sermo 83: 'Decalogus est sermo brevis'. British Library MS Harley 979
   Sermo 86: 'Primum quidem'. British Library MS Royal 7. E. 2

PRINTED SOURCES

Ambrose
   Hexaëmeron (Exameron), ed. C. Schenkl. *CSEL* 32.1
Anselm
   Cur Deus homo. *Anselmi Opera omnia* 2
   Proslogion. *Anselmi Opera omnia* 1
Augustine
   Confessiones. *CCL* 27
   Contra adversarium legis et prophetarum. *PL* 42
   Contra Julianum. *PL* 44
   Contra mendacium. *CCL* 41
   De agone Christi. *CCL* 41
   De bono coniugali. *CCL* 41
   De civitate Dei. *CCL* 47–48
   De Genesi ad litteram. *CSEL* 28
   De libero arbitrio, ed. W.M. Green. *CCL* 29
   De mendacio. *CCL* 41
   De musica. *PL* 32
   De natura boni. *PL* 42
   De nuptiis et concupiscentia. *CSEL* 42
   De perfectione iustitiae hominis. *CCL* 41
   De trinitate, ed. W.J. Mountain. *CCL* 50–50A
   Enarrationes in Psalmos. *CCL* 38–40
   Enchiridion. *CCL* 46
   Epistolae. *CSEL* 34, 44, 57, 58
   Sermones. *PL* 38–39
   Tractatus in Ioannem, ed. August Mayer. *CCL* 36
Pseudo-Augustine
   Hypomnesticon. *PL* 45
Bede
   De templo Salomonis. *PL* 91, *CCL* 119
Bernard of Clairvaux
   De consideratione. *Opera omnia*, edd. J. Leclerq, C.H. Talbot and H. Rochais (8
   vols., Rome, 1957–1978)

93

Calcidius
   In Timaeum commentarii. Timaeus a Calcidio translatus commentarioque instructus,
   ed. J.H. Waszink (London/Leyden, 1962). Plato Latinus 4
Cicero
   De natura deorum, ed. A.S. Pease (2 vols., Cambridge, Mass., 1955–1958)
Gregory the Great
   Homiliae in evangelias. PL 76
Jerome
   Epistolae. CSEL 54–56; *Saint Jérôme Lettres*, ed./tr. Jérôme Labourt (7 vols., Paris,
   1949–1963). Collection des Universités de France.
Horace
   Epistolae, ed. J.C. Rolfe (Boston, Mass., 1901)
John Chrysostom
   Homiliae in Matthaeum. PG 57
Isidore of Seville
   Etymologiae. Isidori Hispalensis Episcopi Etymologiarum sive Originum libri XX, ed.
   W.M. Lindsay (2 vols., Oxford, 1911, repr. 1966)
Macrobius
   In somnium Scipionis commentaria, ed. J.R. Willis (Leipzig, 1964)
Ovid
   Metamorphoses, ed. W.S. Anderson (Norman, Oklahoma, 1972)
   Amores, ed. J. Kenney (Oxford, 1961)
Rabanus Maurus
   De universo. PL 107
Robert Grosseteste
   Commentarius in VIII libros Physicorum Aristotelis, ed. R.C. Dales (Boulder, Colo.,
   1963)
   De cessatione legalium, edd. E.B. King and R.C. Dales (London, 1985). Auctores
   Britannici Medii Aevi 7
   De finitate motus et temporis, ed. R.C. Dales, *Traditio* 19 (1963), 245–266
   Hexaëmeron, edd. R.C. Dales and Servus Gieben, OFM Cap. (London, 1983).
   Auctores Britannici Medii Aevi 6
   Deus est, ed. Siegfried Wenzel, "Robert Grosseteste's Treatise on Confession, *Deus
   Est*," *Franciscan Studies* 28 (1970), 218–293
Seneca
   De beneficiis. L. Annaei Senecae opera quae supersunt, I, fasc. 2 (Teubner: Leipzig,
   1919)
John Wyclyf
   De mandatis divinis. Johannis Wyclif Tractatus de mandatis divinis, edd. Johann
   Loserth and F.D. Matthew (London: The Wyclif Society, 1922, repr. New York,
   London, Frankfurt am Main, 1966)
   Opus evangelicum. Johannis Wyclif Opus evangelicum, ed. Johann Loserth (4 vols. in
   2, London: The Wyclif Society, 1895–1896, repr. New York, London, Frankfurt am
   Main, 1966)

MODERN STUDIES CITED IN THIS EDITION

D.A. Callus, ed., *Roberti Grosseteste, Scholar and Bishop* (Oxford, 1955)
Richard C. Dales, "A Medieval View of Human Dignity," *Journal of the History of Ideas*
   38 (1977), 557–572
——, "Robert Grosseteste's Views on Astrology," *Mediaeval Studies* 29 (1967),
   357–363
Servus Gieben, OFM Cap., "Robert Grosseteste on Preaching, with the Edition of the
   Sermon 'Ex rerum initiatarum'," *Collectanea Franciscana* 37 (1967), 100–141
Edward B. King, "The *De contemptu mundi* Attrributed to Grosseteste," *Speculum* 58
   (1983), 724–26
James McEvoy, *The Philosophy of Robert Grosseteste* (Oxford, 1983)

J.T. Muckle, "The Hexameron of Robert Grosseteste: The First Twelve Chapters of Part
    Seven," *Mediaeval Studies* 6 (1944), 151–174
S. Harrison Thomson, *The Writings of Robert Grosseteste, Bishop of Lincoln 1235–1253*
    (Cambridge, 1940)

INDEX LOCORUM SCRIPTURARUM

INDEX AUCTORUM

De cessatione legalium
  1, 9, 1:V 4
  3, 2, 27–28:V 4
  4, 3, 6:V 7

De finitate motus et temporis
  3, 9–13:V 4

Glossae in 1 Ad Corinthios
  13.2:P 2
  14.19:P 5

Hexaëmeron
  1, 17, 1:V 4
  1, 20, 2:Vi 3
  4, 17, 1:V 4
  8, 1, 1–2:I 19
  8, 11, 6:IX 10; IX 11
  8, 13, 6:V 4
  8, 20, 2–8, 21, 1:VI 9
  8, 21, 1:VI 9
  9, 3, 5:V 4
  9, 8, 2–3:V 4
  9, 9, 1:V 4
  9, 9, 4:III 6

Sermo 6: 'Qui manet in caritate'
  :V 8

Sermo 7: 'Exiit edictum'
  :V 4

Sermo 31: 'Scriptum est de levitis'
  :I 1; II 1; III 1; IV 1; V 1; V 8; VI 1;
  VII 1; VIII 1

Sermo 32: 'Deus est'
  :Intro. n, 2

Sermo 83: 'Decalogus est sermo brevis'
  :I 1; II 1; III 1; IV 1; V 1; VI 1; VII 1;
  VIII 1

Sermo 86: 'Primum quidem'
  :I 1; II 1; III 1; IV 1; V 1; VI 1; VII 1;
  VIII 1; IX 1

SENECA

De beneficiis
  3, 35, 1–2:IV 12
  3, 38, 2:IV 13
  3, 38, 3:IV 13
  4, 13, 1–2:IV 38

Epistolae morales
  24, 9–10:V 1
  56, 8–9:IV 40
  68, 3:IV 38
  82, 2–3:IV 38

INDEX RERUM ET POTIORUM VERBORUM

CONSPECTUS SIGLORUM

Anselmi opera omnia
: *S. Anselmi Cantuariensis archiepiscopi opera omnia*, ed. F.S. Schmitt (6 vols., Rome/Edinburgh, 1938–1961)

CCL
: Corpus Christianorum, series latina (Turnhout, 1953 ff.)

CSEL
: Corpus scriptorum ecclesiasticorum latinorum (Vienna and other cities, 1866 ff.)

Dionysiaca
: *Dionysiaca: Recueil donnant l'ensemble des traductions latines des ouvrages attribués au Denys de l'Aréopage*, ed. Ph. le Chevalier, 2 vols. (Paris, 1937)

PG
: Patrologiae cursus completus . . . series graecca, ed. J.P. Migne, (161 vols. in 166, Paris/Bruges, 1857–1866)

PL
: Patrologiae cursus completus . . . series latina, ed. J.P. Migne, 221 vols. (Paris, 1844–1864)